JN433854

재미있는 한국어의 미학 美學

형설출판사
www.hyungseul.co.kr

본문에 앞서 드리는 글

대학에서 국어학을 전공한 국어학도가 졸업 후 「말공장」이라 불리는 방송국 가운데 종가(宗家)격인 KBS의 아나운서가 되었습니다. 이 책은 국어학을 머리로 배운 젊은 국어학도가 KBS라는 한 직장에서 아나운서라는 한 직종으로 방송현장에서 몸으로 느끼면서 배운 실용국어에 관한 글입니다. 입사 후에는 선배님들의 도제교육으로 학교에서 배우지 못한 가르침을 받았습니다. 앞으로 우리 국어의 정책에 도움이 되었으면 하는 마음에서 써본 국어 백서(白書)라면 지나친 표현이 될지 모르겠습니다.

'태초에 말씀이 계시느니라.' 인류의 역사 이래 인간은 일상에서 말을 하면서 살고 있으니 인간의 제일 조건이라 하겠습니다. 우리는 생각이나 꿈속에서 말을 할 때도 있습니다. 사람의 평생에서 글씨를 쓰는 시간과 말하는 시간은 비교할 수 없을 정도입니다. 또한 선진 국민의 조건 가운데 하나는 올바른 자기 나라의 말을 할 줄 아는 것이라고 합니다. 더구나 사회 각층의 지도급 인사가 되려면 더욱 그러합니다. 전 세대에서 문자를 모르셨던 할머니들 가운데는 후천적 교육의 결정(結晶)인 무형문화재급의 품격 있는 말씨를 들을 수 있었습니다. 그런데 오히려 학식이 풍부한 현대인에게서는 말다운 말을 듣기가 어렵습니다. 예전의 가정교육은 곧 말교육이었던 바 오늘날에 와서는 그 역할을 방송이 한다고 보아도 무리한 생각은 아닐듯합니다.

말씨는 사회계급 또는 인간계급과 정비례한다는 통념을 보여주는 특이한 영화에 『My fair lady』가 있었습니다. 내용은 언어학자인 히긴스 교수가 하층계급의 여인(오드리햅번 주연)을 언어교육으로 우아하고 세련된 귀부인으로 만들 수 있다는 계획을 세우고 친구와 내기를 하는 내용입니다. 결국 발음교육의 성공으로 이상적인 여인상으로 변신시킬 수 있게 됩니다.

한 사람의 말씨는 그 사람의 「마음의 소리」라고 하는 바 말 교육은 언어학 이외의 다른 철학도 있나는 생각이 듭니다. 독일의 철학자 피히테는 「사람이 말을 만들고 말이 사람을 만든다.」고 하였습니다. 최근에 부쩍 황폐해진 국민들의 언어생활과 심성을 걱정하는 분들이 많아졌습니다. 이러한 국어의 우국지사(?) 가운데는 저와 같은 방송인의 책임이 크다고 쓴 소리를 할 때가 있습니다. 이런 경우 저는 이렇게 응대합니다. 해방 이후 제도권 국어교육에서 발음교육이 없었다는 사실을 먼저 들려줍니다. 이런 교육을 받지 못한 프로그램 제작자들이 사명감을 가질 수 있겠으며 표준발음을 지키려는 아나운서들이 오히려 비정상적인 방송풍토가 되었다고 생각합니다. 그리고 한국방송 거의 모든 채널의 소음수준의 심각한 오디오 레벨(Audio Level)을 제가 스스로 지적하기도 합니다. 빈도수가 잦은 방송말 가운데 「㉠일본에 사과를 반드시 받아야 합니다.(사:과(謝過)/사과(먹는~), ㉡'문제인 데통령'→'문재인 대:통령'」이렇듯 무심하게 방송을 하는 '문제인(問題人) 방송인'이 현 한국방송을 이끌어가고 있습니다.

오늘날 한국어의 심각한 붕괴는 국어학자의 견해로는 1970년 유신 독재시절 대중 인기 영합정책(Populism)의 하나인 한글전용주의 정책을 중요한 원인으로 봅니다. 그리고 방송학자의 시각(視覺)에서는 1980년대 전두환의 신군부 시절 우민(愚民)정책의 일환으로 컬러TV의 등장과 함께 시청률을 높이기 위한 언어훈련이 안 된 외부출연자의 무분별한 등장을 들고 자 합니다.

이 무렵 오염과 훼손되어 가는 방송언어를 우려하는 시청자들의 빗발쳤던 항의전화에 방패막이로 1983.4월 아이러니(Irony)하게 탄생된 조직이 KBS한국어연구회입니다. 당시 국어학계의 원로(元老)이셨던 이숭녕, 허웅 박사와 중진(重鎭)교수 그리고 현역 아나운서들이 회원이 되어 산학(産學)협동의 정신으로 손을 잡고 일하니 한국어의 새로운 지평(地平)이 열리게 되었습니다. 그리고 그 정신이 반영된 제도가 오늘날의 KBS한국어능력시험으로 신입사원(아나운서·PD·기자)들의 입사 후 실제 방송을 위한 시험이라 하겠습니다. 그런데 어떤 연유에서인지 음성언어(방송언어)를 도외시한 문자언어위주의 마치 신문사의 시험처럼 되었습니다. 이러한 국어정책의 현실에서 한국의 방송은 프로그램 제작수준과 방송장비의 선진국이 되었지만 방송언어에서는 후진국이 되고 말았습니다.

「한그른 소리 나는 대로 적꼬 잉는 펼리한 문짜이다/한글은 소리 나는 대로 적고 읽는 편리한 문자이다」국어맞춤법 제1장 제1항 「한글 맞춤법은 소리 나는 대로 적되 어법에 맞도록 함을 원칙으로 한다.」는 규범은 한국어의 표기와 발음법의 헌법 1조입니다. 소리 나는 대로 적으면 뜻을 알 수 없어 소리 나는 대로 적지 않는 것을 「표의주의(表意主義)/형태주의(形態主義)」라고 하는데 표기대로 읽지 않는다는 뜻입니다. 반면 「태양·땅·바다」처럼 소리 나는 대로 적는 경우를 「표음주의(表音主義)」라고 하며 쓰인 대로 읽을 수 있습니다.

이처럼 세계의 언어에는 표기와 발음이 일치하지 않는 언어(영어, 프랑스어, 일본어의 한자(漢字))와 표기와 발음이 일치하여 발음 부호가 필요 없는 언어(독일어, 이태리어, 스페인어, 포르투갈어)로 나누어집니다. 한국어는 위의 규범에 따라 약 40%가 표기와 발음이 일치하지 않습니다.(필자의 가설(假說)) 이러한 한국어의 특성상 반드시 발음교육이 있어야 함에도 한글우월(優越)주의에 따른 국어만능주의로 해방 이후 이러한 교육이 없었습니다. 그런데 2018년도 국정초등학교 국어 교과서(4학년1학기 국어활동 53p, 63p)에 「한라, 칼날, 신라, 생산량, 훈련, 의견란, 물난리, 등산로」, 「밥 먹을[머글]시간, 찾은[차즌], 낳았다, 좋아요, 닿았다, 놓아라, 많아서」처럼 한국어는 표기와 발음이 반드시 일치하지 않는다는 명제(命題)를 밝히고 있습니다. 내년도에는 5·6학년 교과서에도 이러한 내용이 실릴 것으로 생각됩니다. 이러한 계기는 마치 어린이 조기 영어 발음교육인 phonics를 통해 표기와 발음은 반드시 일치하지 않는다는 언어의 특성을 영어를 통해 깨우친 것 같기만 합니다. 그러나 1990년도 초등학교 국어 「말하기·듣기」교과서에서 모처럼 실시되었던 발음교육이 실패했던 기억이 떠오릅니다. 당시 KBS한국어회원이었던 필자가 문교부 당국자에게 간곡한 건의를 한 바 있습니다. 현직 초등학교 국어교사 자신이 발음에 대한 지식이 없으니 KBS의 남녀 아나운서들이 표준 발음을 무료로 녹음하여 보급하자는 내용이었습니다. 그러나 공무원들의 상투적인 예산타령으로 무산(霧散)되고 말았습니다.

국민 누구나 TV 방송에 출연할 수 있으나 고정 진행자는 아무나 할 수 있는 일이 아닙니다. 그러나 평생 TV에 단 한 번도 출연하지 않으신 전설적(?) 국어학자 한 분을 소개해드리고 싶습니다. 저에게는 대학에서의 가르침 이전에 중학교 때의 은사이셨던 이기문(李基文) 선생님이십니다. 우선 중학생 때의 첫 기억은 「선생님은 영화배우」였습니다. 그리고 수업의 내용 가운데는 「영어는 표기와 발음이 일치하지 않는 언어입니다./국 끓여먹는 '아욱'은 근동(近東)지역에서 온 외래어입니다.」 중학생인 저에게는 과분한 수업내용이었습니다. 이기문 교수는 세계 언어학의 흐름을 파악하기 위해 우리말과 함께 영어, 독일어, 프랑스어, 몽고어, 터키어로써 국어를 연구하신 1세대 세계적인 국어학자이십니다. 대학 졸업 당시에는 프랑스의 언어학자 「도자」의 『언어학개론』을 번역하

시기도 했습니다. 일찍이 선생께서는 '방송 출연자가 국어에 미치는 영향이 막중하다'고 하셨습니다. 이러한 언어의 속성(屬性)을 언행일치로 보여주신 이 일화(逸話)가 과연 현 방송인들에게는 어떻게 다가갈지 모르겠습니다.

한글전용 국어정책은 한자 배척의 대결주의이며 한자혼용의 국어정책은 한글과 한자를 두 날개로 쓰자는 평화주의입니다. 세종께서는 훈민정음의 어느 글에도 한자를 쓰지 말자는 말씀은 하지 않으셨습니다. 그리고 분명히 알고 있어야 할 사실이 있습니다. 세종대왕께서는 훈민정음을 창제하셨으며, 큰 글이라는 뜻의 한글은 백 여 년 전 초애국주의 정신의 신조어입니다.

이러한 70여 년 간의 「문자전쟁」은 세계 어느 나라의 언어학사(言語學史)에도 없는 부끄러운 일입니다. 이처럼 통일이 안 된 남한의 언어정책의 현실에서 앞으로 남북한 간의 언어 이질화(異質化) 극복문제는 어떻게 될 것인가. 한글전용의 국어정책에도 불구하고 초등학생들의 불법(?) 한자 과외 학습서인 「마법천자문」이 베스트셀러인 현실은 무엇을 의미하는 것일까. 특히 고려대 문과대학(2004년부터 한자2급 취득)과 중앙대(2014년부터 한자3급 취득)의 한자 필수교육은 어떻게 이해해야 할 것인지. 인하대는 전교생이 필수교양과목으로 한자교육을 이수해야 합니다. 마치 일제 때 구정(舊正)의 설:을 억압해왔으나 오늘날 되살아난 느낌이 들기도 합니다. 「Paris」를 미국에서는 [패리스], 프랑스에서는 [빠리]라고 하니 알파벳(Alphabet)은 구미(歐美) 여러 나라의 문자입니다.

'한자(漢字)'를 한국어에서는 [한:짜], 중국에서는 [한쯔], 일본에서는 [간지]라고 하듯이 이제 한자는 동북아(東北亞)의 문자로 보아야합니다. '먹는 빵(포르투갈)', 학생들의 '가방(네덜란드)', '아파트(미국)'라는 외래어는 당연시하면서 왜 굳이 국어 어휘의 70%를 차지하며 국어의 근간(根幹)이 되는 한자만을 배척하는 이유는 무엇일까. 우리나라는 천여번의 외세의 침입과 일제(日帝) 36년간의 민족 트라우마로 「다름」을 「틀림」으로 지부하는 민족성 때문은 아닐까라고 생각할 때도 있습니다. 우리 민족의 DNA가 된 소아병적인 배타(排他)애국주의입니다. 프랑스는 모자이크(Mosaic)의 다수민족으로 2018년 월드컵 우승은 「다름」을 포용한 민족성의 개가(凱歌)로 보고 싶습니다.

어린이로부터 노인에 이르기까지 온 국민의 사랑을 받는 나팔꽃(Morning glory)을 인도의 꽃, 달맞이꽃(Evening primrose)을 남미의 꽃이라고 생각하는 사람이 있겠습니까. 외국에서 우리나라에 귀화한 꽃이 50%에 가깝습니다. 세계 각지에서 온 다문화 이주 여성들은 한국인의 며느리들입니다.

현 한글전용 국어정책과 한자혼용 국어정책, 그리고 예문3)에서 필자의 견해를 말씀드리겠습니다.

1) 야구경기에서 선발투수는 감독이 경기 전날 선발한다.

2) 野球競技에서 先發投手는 監督이 競技 전날 選拔한다.

3) 야:구경:기에서 先發투수는 감독이 경:기 전날 選:拔한다.

1)의 경우는 한글전용주의의 글로 한자는 물론 발음 부호도 없어 뜻이 쉽고 온전하게 전달되지 않습니다. 2)의 경우는 한자혼용주의의 글로 우선 한자가 지나치게 많아 독서의 효율성이 떨어지며 한자의 생명인 장단(長短)의 성조(聲調)를 도외시(度外視)하고 있습니다. 3)의 경우는 뜻에 변별력을 주는 어휘에만 한자를 쓰되 표준발음법 제1장 제1항의 「국어의 전통성」을 살려 장음을 표시하였습니다. 그리고 예문3)은 한자의 빈도(頻度)도 적당하다고 생각합니다. 「직

당(適當)」은 「중도(中道)」와 동의어(同義語)로 인간이 발견한 극(極)과 극을 피한 궁극의 평화주의의 개념입니다.

미국의 CNN 방송이 최근 전세계 언어의 악센트를 중심으로 발음현상을 조사한 바 있습니다. 그런데 한글에 대해서는 배우기 쉬운 문자의 우수성은 인정하되 「듣기 좋은 국어는 아니다」라는 지적에서 우리는 현 국어정책을 새삼스럽게 생각해 보아야 할 것입니다. 미국의 표준어는 언어학적으로 WASP(White Anglo-Saxon Protestant/백인 개신교도)들이 사용하는 언어입니다. 그러나 현실적으로는 「TV English」라고 합니다. 방송인으로서 참으로 부러운 현상입니다. 흔히 과거에는 방송에서 아나운서의 역할을 으뜸이라고 생각했던 시절이 있었습니다. 그러나 언젠가부터 아나운서는 필요 없다는 극단적인 생각을 하는 사람도 있습니다. 그러나 방송을 사려 깊게 생각하는 사람은 방송에서의 아나운서의 존재는 절대적이라고 생각합니다. 흔히 독일의 방송을 재미없다고 하는데 방송의 순기능(順機能)도 생각해보아야 합니다. 한때 일본의 NHK의 사시(社是)였던 「1) 귀신같은 보도, 2)부처님 같은 교양, 3)꽃 같은 오락프로」는 영원한 공영방송의 황금률(黃金律)로 보고 싶습니다. 과연 이런 수준의 고급 방송을 오늘날 이른바 「잘 나가는 방송인」들이 할 수 있겠는가. 1980년 신군부시절 이래 아나운서가 방송참여에 무시당해 온지 어언 38년, 대부분의 아나운서들은 소외감에 싸여있습니다. 그러나 이러한 방송 풍토에서도 SBS의 작년도 아나운서 응시생은 4천여 명, 금년은 500명 적은 3천5백여 명, 이 가운데 '군계일학(群鷄一鶴)'격으로 단 2명만이 합격되었습니다. 과연 이런 경쟁률의 직업이 세계의 어느 직장에 있겠습니까. 현재 서울 본사 KBS아나운서실에는 100여명의 정예(精銳)아나운서들이 여러 라디오 채널의 음지에서 일하고 있습니다. 과연 시청자들은 전 채널의 TV방송에서 몇 명의 아나운서 이름을 기억하고 있을까. K-POP에 이어 방탄소년단이 세계 대중음악세계에 스타로 떠올라 유엔에서 연설까지 했습니다. 이들은 현대외교에서 중시하는 「연성(軟性)권력/Soft Power」의 성공 신화(神話)를 남겼습니다. 그러나 이러한 인스턴트 뮤직(Instant Music)이 사랑을 받는다 할지라도 베토벤과 모차르트의 고전음악세계는 인류와 함께 영원할 것입니다. 아나운서의 순수(純粹)한 음성언어(Spoken Language)인 음악성의 아나운싱은 후자의 영역입니다. 「순수는 생명이 길다.」하였습니다.

이 책은 그림으로 국어의 특성을 쉽게 설명한 최초의 '그림국어책'으로 독자 여러분의 많은 사랑을 받고 싶습니다.

이 규 항

목차

1장 | 어휘도감

2장 | 쌍둥이 말

3장 | 올바른 우리말

4장 | 발음 이야기

흥

1장
어휘도감

장단음, 평음/예사소리와 경음/된소리, 그리고 'ㅔ와 ㅐ'에 의해 분화되는 어휘도감

장단음 규칙은 아나운서에게는 알파요, 오메가입니다. 신인 아나운서가 실습교육에서 첫째시간에 배우는 과목인 동시에 마이크 앞을 떠날 때까지 지켜야 하는 금과옥조입니다. 장단음 규정이 표준발음법(1989.3.1. 공포)에서는 7장 가운데 1/7 비중으로 다루고 있는 것은 국어학자의 시각(視覺)입니다. 완성도 있는 정통(正統)방송을 실연(實演)하려면 반드시 장단음을 철저히 지켜야 합니다. 표준발음법 제3장의 소리의 길이 편에서는 장단음을 의미의 변별력(辨別力)의 기능만 인정하고 있습니다. 본문의 글 '국어의 읽기와 말하기의 이상(理想)'에서 자세한 장단음의 기능 참고 바람.

장단음의 현상은 다른 외국어(영어, 일본어)에서도 있지만 국어에서는 동형이의어(동형이음어)가 과거의 한 논문에 의하면 무려 15,000 어휘에 이르러 한국어를 음성언어의 측면에서 볼 때는 장단음법칙이 절대적인 위치를 차지하고 있습니다. 이러한 국어의 대표적인 음운현상을 초등학생이나 우리말을 배우려는 외국인도 쉽고 재미있게 접근하기 위해 영어와 일본어의 예와 함께 국어의 장단음을 그림(圖鑑)으로 표현해 보았는바 지금까지 국어 교과서와 음성언어 교본에 없었던 최초의 시도(試圖)라 하겠습니다.

한자(漢字)의 가장 큰 장점인 조어력(造語力)은 상상을 뛰어넘습니다. 예를 들어 「대(大)」가 어휘의 앞에 올 때 872자 뒤에 올 때는 24자의 단어가 만들어 집니다.(1992, 동아 한한(漢韓)대사전) 또한 1800자의 한자를 2자, 3자, 4자(사자성어)로 하는 조어력은 4만5천 단어가 된다고 합니다. 이러한 한자의 방대한 조어력은 오히려 현실에서는 역기능으로 작용하여 한자와 멀어지는 현상을 빚기도 합니다. 따라서 필자는 이러한 점을 여러모로 감안하여 동형이의어(同形異義語)로 해결해 보았습니다. 형태(표기)는 같으나 뜻이 다르고 발음이 다른 동형이의어(同形異義語)/동형이음어(同形異音語)/쌍둥이말(세 단어는 같은 뜻임/과거에는 7185쌍의 만5천여 단어로 한자공부를 멀리하게 되는 빌미가 되었음)을 약 700쌍(1600여 단어)으로 과감하게 정선(精選)한바 이 책의 큰 장점이요 특색이라 하겠습니다. 그리고 이 어휘만 숙지(熟知)하면 어휘(語彙)면에서는 고급 한국어의 수준에 도달했다고 믿고 싶은 바입니다.

영어

휠 / Fill[fil] 채우다

휘-일 / Feel[fi:l] 느끼다

힐 / Hill[hil] 언덕

히-일 / Heal[hi:l] (발)뒤꿈치, 발굽 뒤

히트 / Hit[hit] 때리다, 치다

히-트 / Heat[hi:t] 열(熱)

일 / ill[il] 병:(病)

이-일 / Eel[i:l] 뱀장어

밀 / Mill[mil] 물레방아

미-일 / Meal[mi:l] 식사

쉽 / Ship[ʃip] 배(船)

쉬-입 / Sheep[ʃi:p] 양(羊)

일본어

오지상 / おじさん 아저씨

오지-상 / おじいさん 할아버지

오바상 / おばさん 아주머니

오바-상 / おばあさん 할머니

고모리 / こもり(子守) 애보기

고-모리 / こうもり 박쥐

고리 / こり 포장된 소포(小包)

고-리 / こおり(氷) 얼음

도리 / とり 새 또는 닭

도-리 / とおり(通り) 길

비루 / ビル 빌딩

비-루 / ビール 맥주

국어의 장단음/동형이의어(同形異義語)/동형이음어(同形異音語)

가:마(四人轎)　　가마(쌀)

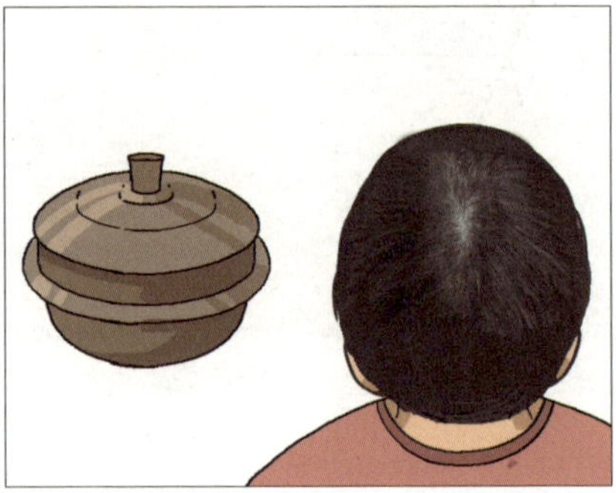

가마(큰솥)　　가마(旋毛)

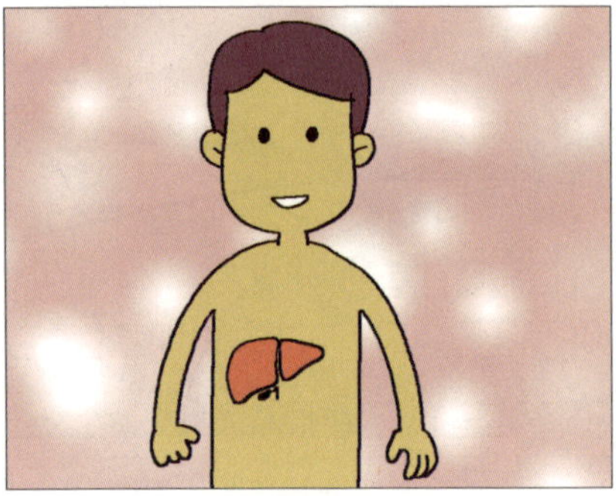

간:(肝)

간(鹽)

강:도(强盜)

강도(剛度)

개:발(犬足) (개:다리 소반)

개발(開發)

:개성(個性)

개성(開城)

:거리(距離) (여기서 종각까지의~)

거리(街)

경:기(競技)

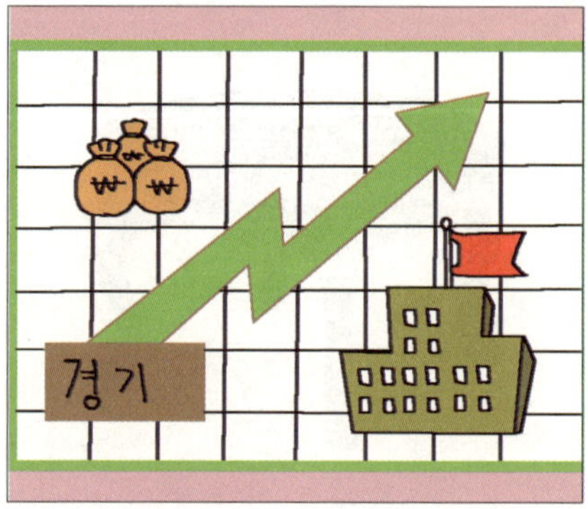

경기(景氣)

경:로(敬老)

경로(經路) (밀수, 密輸)

고:도(古都)

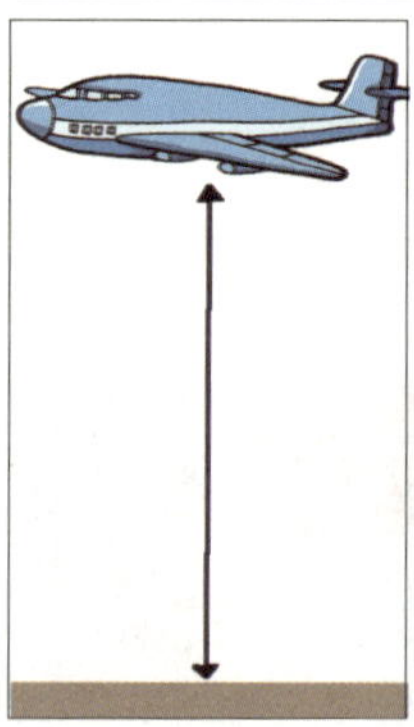

고도(高度)

고도(孤島)

고:성(古城)

고성(高聲)

공:학(共學)

공학(工學)

과:거(過去)

과거(科擧)

광:주(廣州)

광주(光州)

구:두(口頭)

구두(신발)

굴:(窟)

굴(石花)

나:상(裸像)

나상(螺狀)

낟:(곡식의 알맹이)

낫(농기구)

누:르다

누르다

눈:(雪)

눈(眼)

담:(痰)

담(堵墻)

단:층(斷層)

단층(單層)

도:장(道場)

도:량(道場)

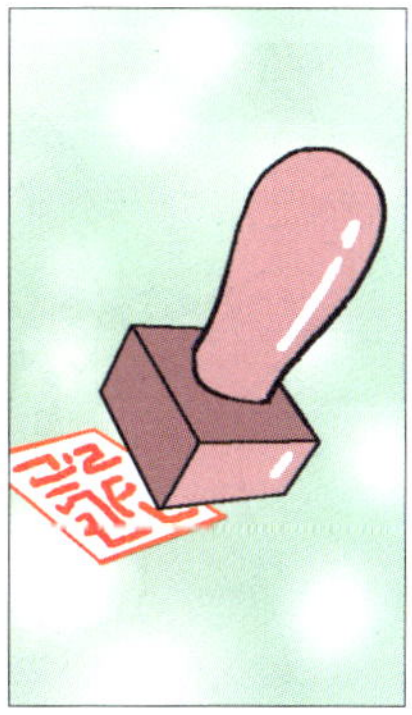

도장(圖章)

돌:집(石造建物)

돌집(아기의 생일 집)

동:경(憧憬)

동경(東京)

동:지(同志)

동지(冬至)

말:(言語)

말(馬)

면:(麵)

면(綿)

모:자(母子)

모자(帽子)

반:주(伴奏)

반주(飯酒)

발:(簾)

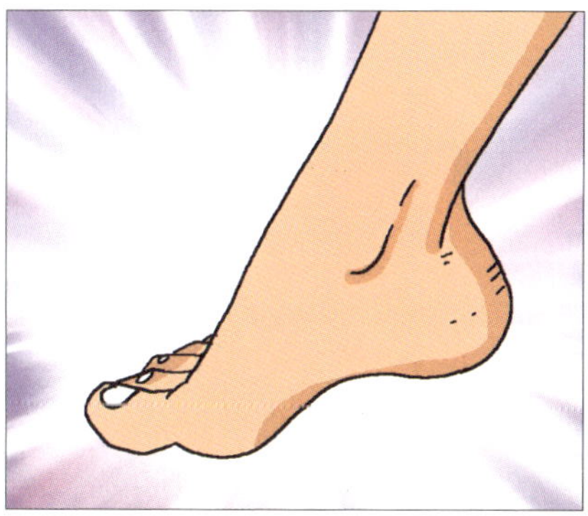

발(足)

밤:(栗)

밤(夜)

방:화(放火)

방화(防火)

벗(友)[벋:]

벚(櫻)[벋]

변:관식(卞寬植) (화가)

변:영로(卞榮魯) (시인)

변웅전(邊雄田) (아나운서)

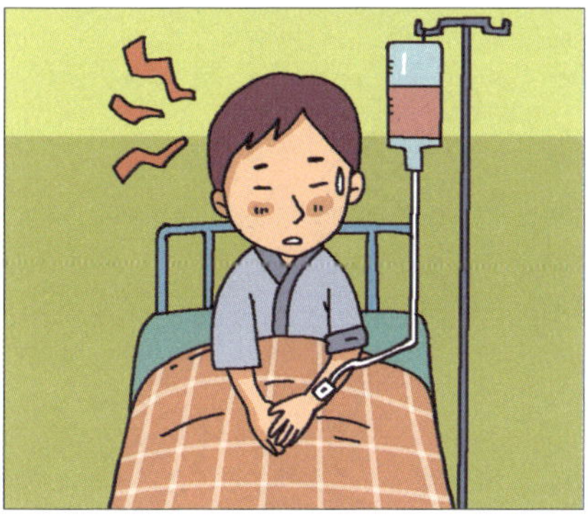

병:(病)

병(甁)

부:자(富者)

부자(父子)

부:채(負債)

부채(扇)

사:고(事故)

사고(思考)

사:과(謝過)

사과(沙果)

사:전(事前)

사:전(事典)

사전(辭典)

산:적(散炙)

산적(山賊)

상:품(上品)

상품(商品)

새:집(鳥)

새집(新屋)

서:산(瑞山)

서산(西山)

선:발(選拔)

선발(先發)

성:(性)

성(城)

성:인(聖人)

성인(成人)

소:식(小食)

소식(消息)

속:셈(속:마음/心中)

속셈(速算)

솔:(Brush)

솔(松)

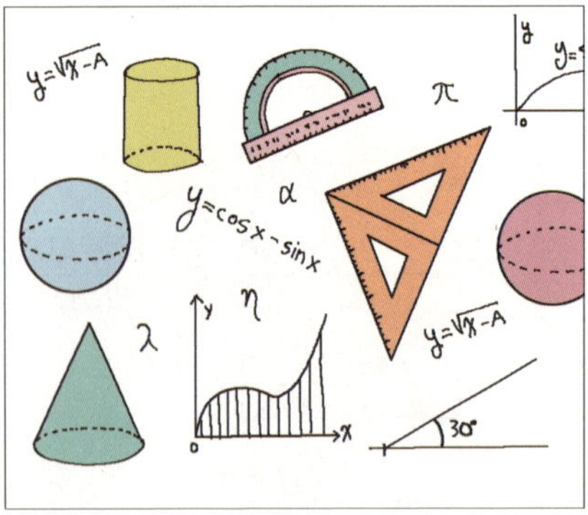

수:학(數學)

수학(修學)

술:

술(酒)

시:계(市界)

시계(時計)

신:용하(愼鏞廈) (학자)

신익희(申翼熙) (정치인)

신은경(申恩卿) (아나운서, 앵커)

신격호(辛格浩) (롯데 회장)

신경식(辛卿植) (헌정회 회장)

신:사(紳士)

신사(神社) 參拜

실:패

실패(失敗)

암:산(暗算)

암산(巖山)

양:성소(養成所)

양성(陽性)

없:다(無)

업다

여:권(與圈)

여권(旅券)

여:신(與信)

여신(女神)

연:기(演技)

연기(煙氣)

열:대(十臺)[때]

열대(熱帶)[때]

영:동(永同) (충청북도)

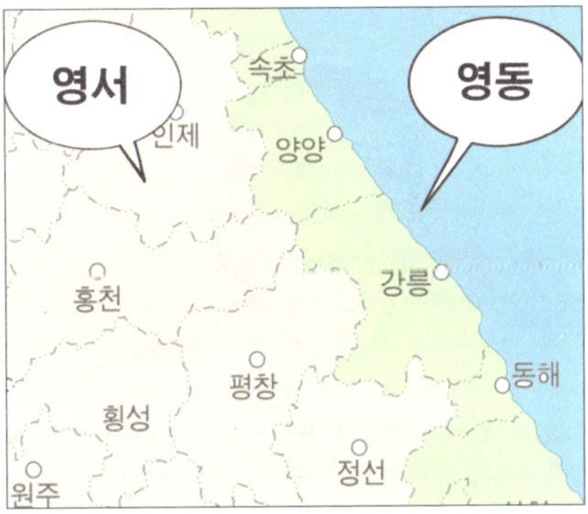

영동(嶺東)

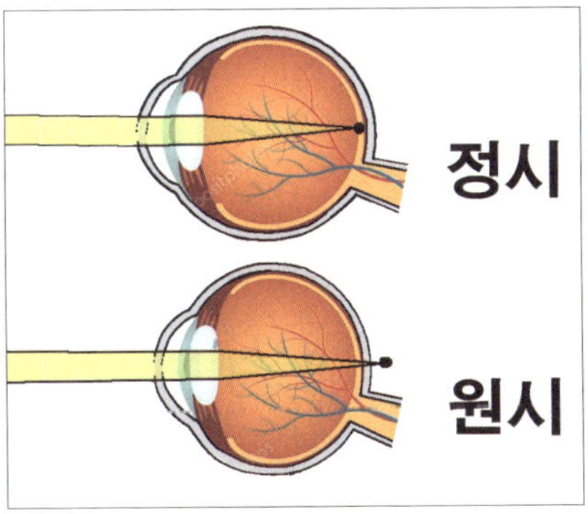

원:시(遠視)

원시(原始)

유:성룡(柳成龍) (학자)

유:현진(柳賢振) (투수)

유비(劉備) (삼국지)

유길준(兪吉濬) (학자)

임:택근(任宅根) (전설의 아나운서)

임국희(林菊姬) (아나운서)

장:사(壯士)

장사(商業)

장:원(壯元)

장원(莊園)

재:수(再修)

재수(運)

전:기(電氣)

전기(傳記)

전기(前期)대학

전:매(轉賣)

전매(專賣)

전:복(顚覆)

전복(全鰒)

전:세(戰勢)

전세(傳貰)

전:역(轉役)[저:녁]

전역(全域)[저녁]

전역(前驛)[녁]

전:주(電柱)

전주(全州)

전:지(剪枝)

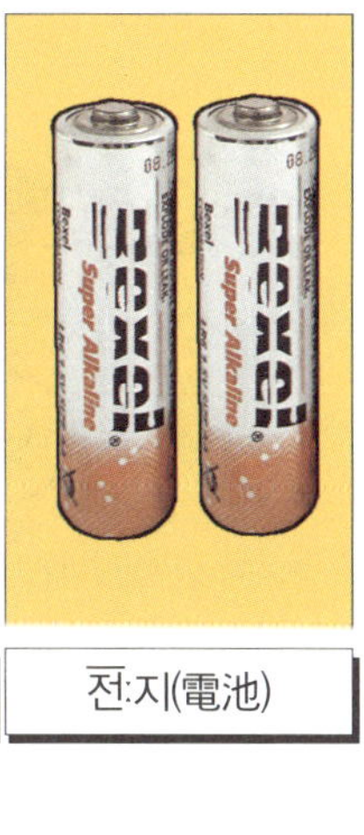

전:지(電池)

전지(全紙)

澗松 전형필(全鎣弼)

전영우(全英雨) (화법의 선구자)

전숙희(田淑禧) (작가)

전:진한(錢鎭漢) (사회부장관)

전:인화(錢忍和) (탤런트)

전택이(田澤二) (배우)

전:통(箭筒)

전통(傳統)

정:몽주(鄭夢周) (학자)

정:몽구(鄭夢九) (회장)

정약용(丁若鏞) (학자)

정:상(正常) (~소통)

정상(頂上)

정상(頂上)會談

조:광조(趙光祖) (학자)

조수미(曺秀美) (소프라노)

종:(奴)

종(鐘)

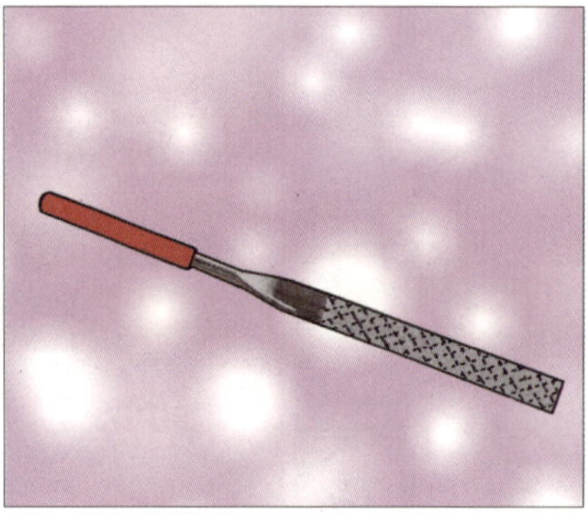

줄:(小道具)

줄

중:량급(重量級)

중량급(中量級)

중:용(重用)

중용(中庸)

진:석(晋錫) (장군)

진태하(陳泰夏)

진홍섭(秦弘燮)

진:주(晋州)

진주(珍珠)

차:관(借款)

차관(次官)

창:(唱)

창(窓)

칼:(KAL)機

칼(劍)

키:(Key)

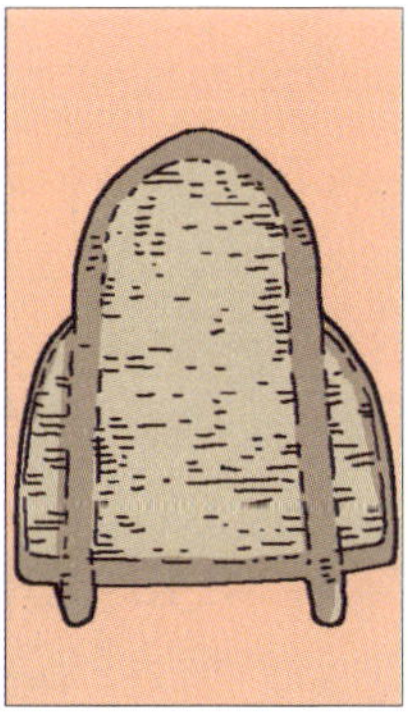

키(箕)

키(身長)

파:리

파리(巴里)

포:도(捕盜)大將

포도(葡萄)

풀:(PooL)制(올림픽 중계)

풀(草)

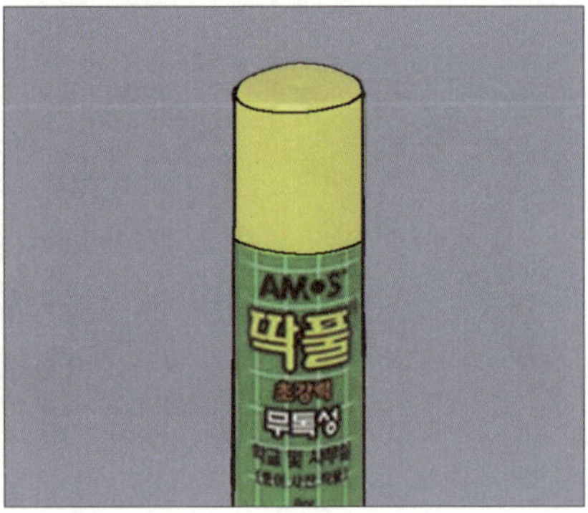

풀

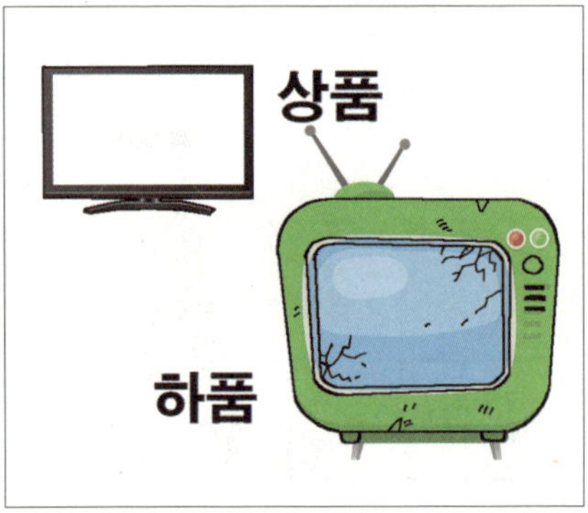

하:품(下品)

하품

한:민족(韓民族)

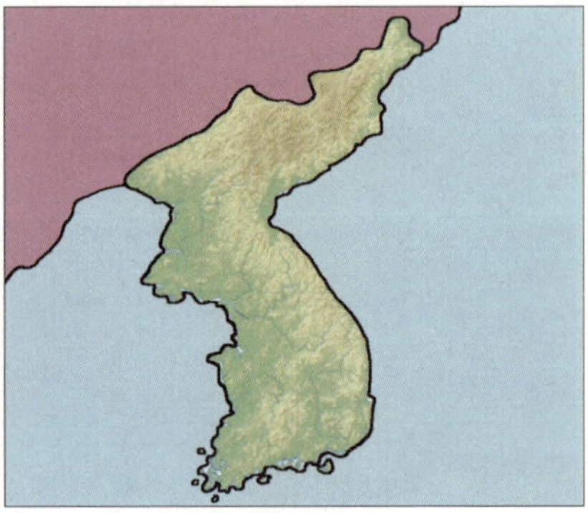

한민족(單一민족)

한:방(韓方)

한방(한 대)

한:식(韓式)

한:식(韓食)

한식(寒食)

항:구(港口)

항구(恒久)

향:수(鄕愁)

향수(香水)

현:(縣)

현(絃)

호:인(好人)

호인(胡人)

화:랑(畫廊)

화랑(花郎)

화:장(火葬)

화장(化粧)

화:전(火箭) (불살)

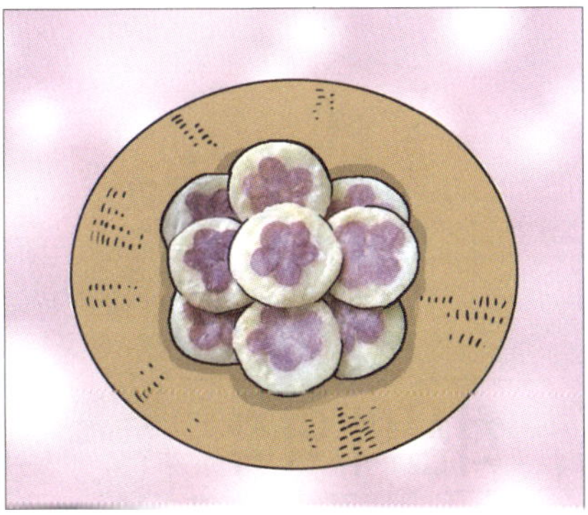

화전(花煎)

화:제(畵題) (동양화를 그린 후 붙이는 이름)

화제(話題)

환:영(幻影)

환영(歡迎)

회:심(會心)

회심(回心) (~곡)

회:(膾)

회(灰) (석회동굴)

회:장(會長)

회:장(會場)

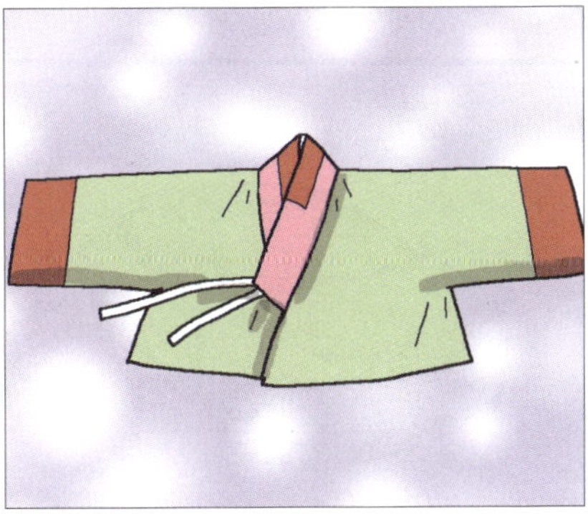

회장(回裝)

훈:장(訓長) (글방 선생님)

훈장(勳章)

동음이의어(同音異義語)

신사역(新沙驛/서초구)

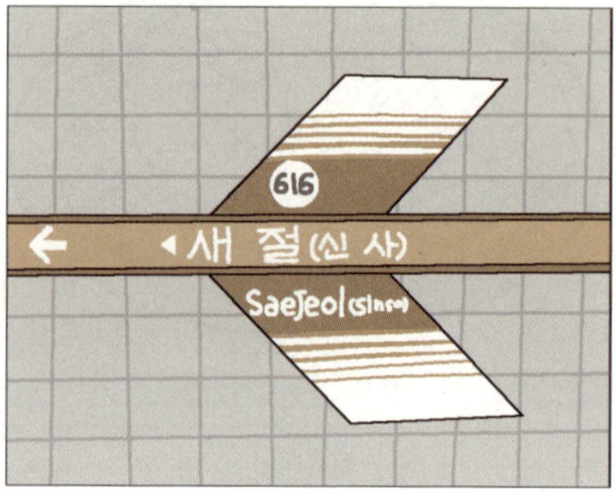

신사역(新寺驛/은평구)

차(車)

차(茶)

동문(同門)

동문(東門)

피라미드 형(形)/STYLE

최신 형(型)/TYPE

배(船, ship)

배(과일)

선도(鮮度)

선도(先導)

ㅔ/ㅖ와 ㅐ에 의해 분화되는 어휘도감

:게(蟹)

:개(犬)

:계(契)모임

:개(犬)모임

네

:내(川)

:네시(四時)

:내시(宦官)

네 탓이야!

내 탓이오.

떼(群)

때(時節)

:메다

:매다 (김을~)

메달

:매달(每月)

:매일(每日)

메일

메주

:매주

모:레

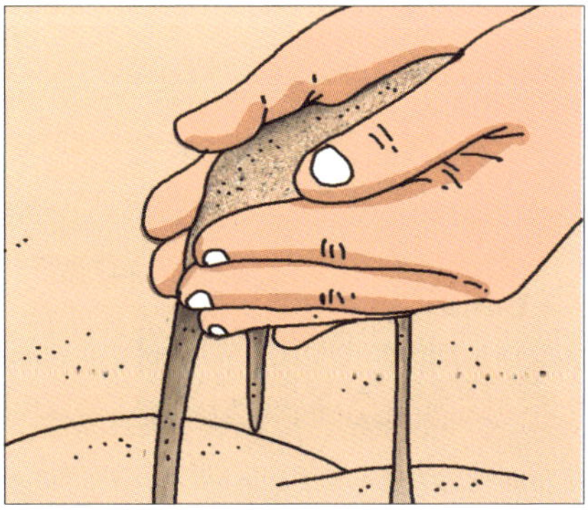

모래

베:다

:배다 (새끼를~)

:세다

:새다 (날이~)

:세집(三家屋)

새집(新屋)

식혜(食醯)

식해(食醢) (가자미~)

:제기(祭器)

:제기(민속놀이)

:재기(再起)

재기(才氣)

:제수(弟嫂)

:제수(祭需)

:재수(再修)

재수(財數)

:제일(第一)

:재일(在日)

:제주(濟州)

재주

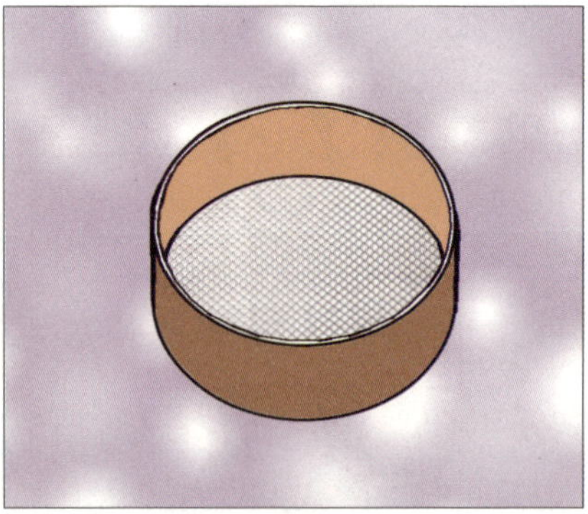

체

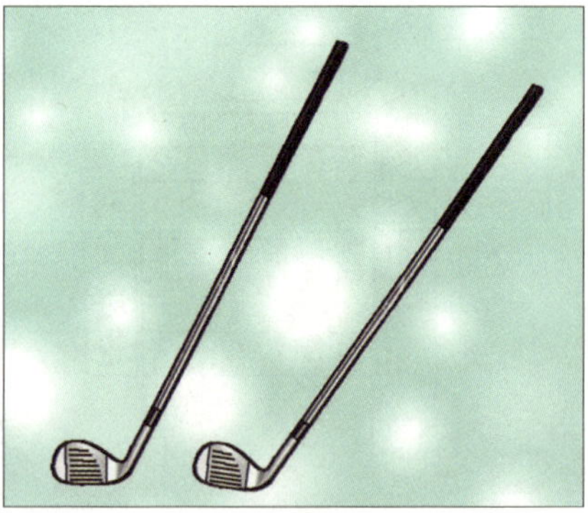

채

테

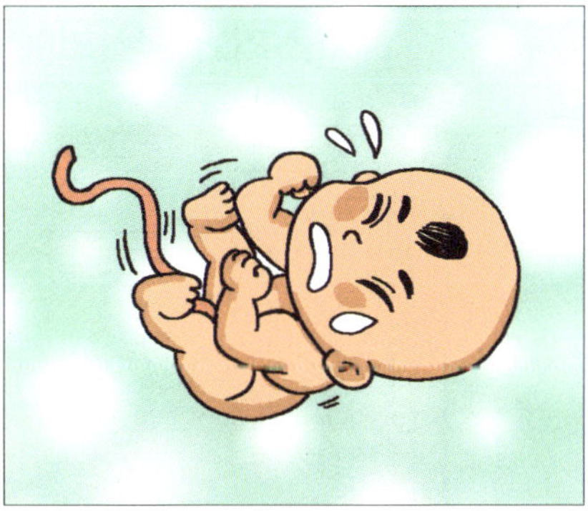

태(胎)

헤치다 (헤치고 나가다)

:해치다 (술로 건강을~)

예사소리와 된소리에 의해 분화되는 어휘도감

감사장(監査場) (감사받는 곳)

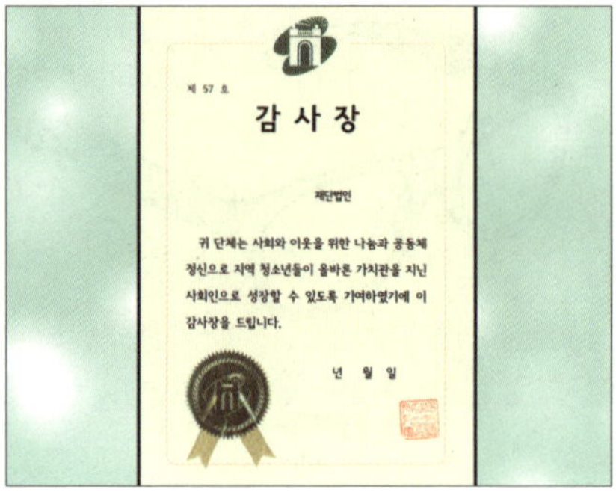

감:사장(感謝狀)[짱]

고가(高架) (~사다리)

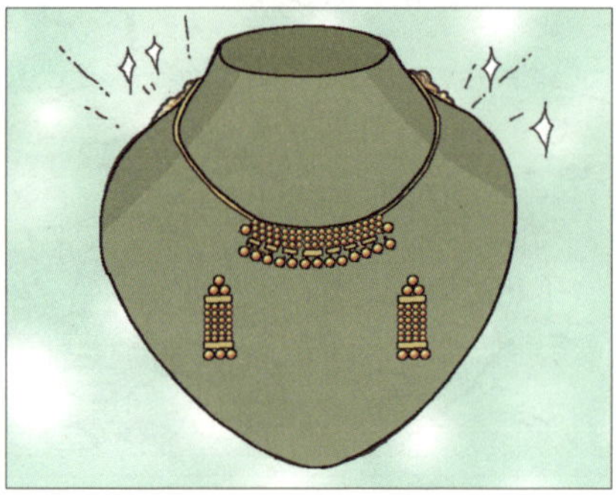

고가(高價)[고까]

교제술(交際術)

교제술(交際酒)[쑬]

대:수(代數)

대수(臺數)[쑤] (자동차~)

문과(文科) (~에 급제)

문과(文科)[꽈] (~대학)

문자(故事成語)[문자]

문자(文字)[상형문짜]

방자(房子) (춘향전의~)

방:짜 (~유기)

상:장(上場)

상장(賞狀)[짱]

산세(山勢)

산:새 (살아있는 새)

산새[산쌔]

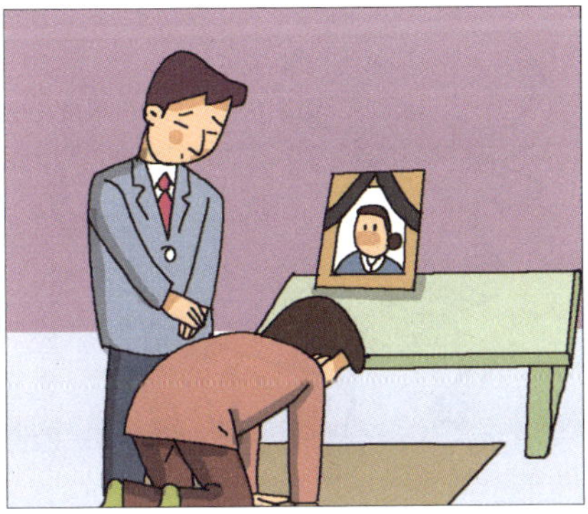

삼일장(三日葬)

삼일장(三日場)[사밀짱] (영월의~)

상복(喪服)

상복(賞福)[뽁]

상:권(上卷)

상권(商圈)[꿘] (~이 형성되다)

수소(水素)

수소[수쏘]

연줄(因緣)

연줄(鳶)[쭐]

영자(英子)

영자(英字)[짜] (~신문)

잠자리

잠자리[짜]

장:기(將棋)

장기(長技)[끼]

장끼(수꿩)

진도개(珍島) (진도의 雜犬)

진돗개(珍島犬)[깨] (천연기념물 53호)

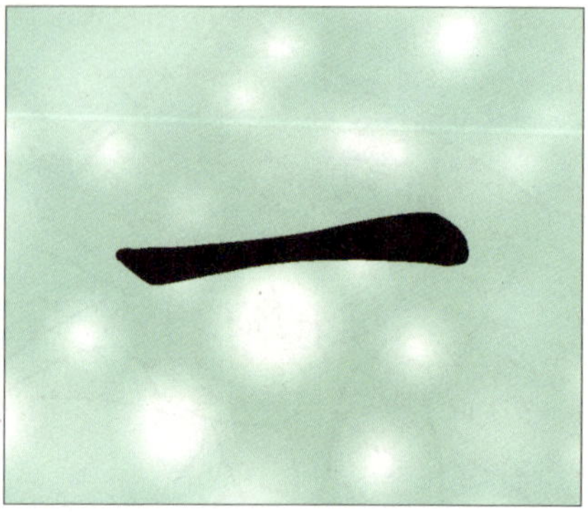

한자(一字)

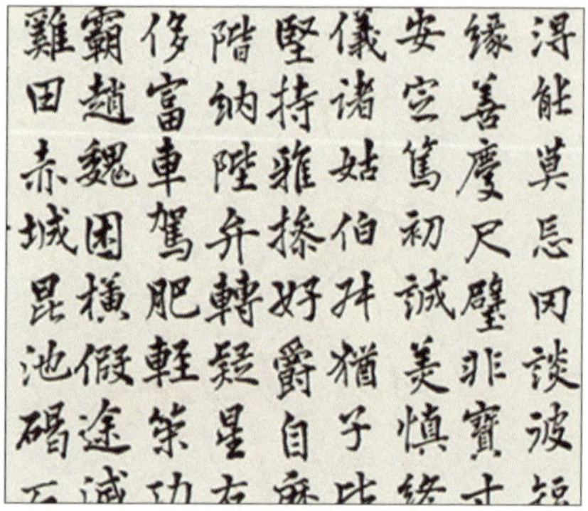

한:자(漢字)[짜]

헌:법

헌:법(憲法)[뻡]

호:수(好守)

호수(戶數)[쑤]

호수(湖水)

화병(花甁)

화:병(火病)[뼝]

흥

2장 쌍둥이말

한국어 발음의 장단음 규범은 황금률이다.

아나운서 세계에서는 표준발음하면 장단음/자고저(字高低)를 떠올린다. 그 이유는 표준발음법이 7장으로 되어 있는데도 방송현장에서는 장단음의 비중이 6장을 합친 것보다 더 크기 때문이다. 자고저(字高低)는 해방 이후부터 KBS아나운서실에서 지켜왔던 발음의 전범(典範)이었다. 사람[사́:람]에서처럼 긴음절에는 강세(accent)가 붙는다. 그러나 장음인 사람을 짧게 읽었을 때 다른 뜻이 되지는 않지만 품위가 없다. 그러나 성씨(姓氏)에서처럼 한글 표기로는 같은데 종씨(宗氏)가 다른 경우에는 문제가 된다. 예를 들면 鄭[정̄:]/丁[정], 趙[조:]/曺[조], 錢[전̄:]/全, 田[전], 柳[유:]/劉, 俞[유], 卞[변̄:]/邊[변] 같은 경우이다. 이러한 '동형이의어/동형이음어/쌍둥이말'을 어느 학자는 동철이음어(同綴異音語)라고도 하는데 어휘가 과거 어느 학자의 논문에 의하면 7,185쌍이 된다하여 많은 사람들이 부담을 갖게 된다. 이 글에서는 필자가 평생 종사했던 방송생활에서 절실하게 필요성을 느꼈던 어휘만을 뽑았으므로 학습 부담이 없을 것이다.

한글전용주의 측에서는 앞 뒤 문장을 보면 어휘의 뜻을 알 수 있다고 우격다짐으로 강변(强辯)을 하고 있는데 세계 어느 나라의 언어에 이런 경우가 또 있겠는가. 한글전용주의의 국어교육현실에서도 고려대학교 문과대학은 한자 2급 취득, 중앙대학교에서는 3급 취득이 졸업 요건으로 되어 있다. '마법천자문'이라는 베스트셀러는 초등학생 불법(?) 과외 한자교본이다. 그리고 한국어문회 등 몇몇 단체에서는 한자급수취득제도를 실시해 온지 오래 되었다. 이러한 일련의 현상을 어떻게 보아야 할 것인가?

무릇 국어를 비롯한 모든 외국어수준의 척도는 어휘력이다. 현 한글전용의 국어교육은 어휘의 사어화(死語化)교육이다. 어휘의 결핍을 느끼는 언론들은 부득이 외국어의 남발과 언중(言衆)들은 해괴망측한 말들을 만들어 낼 수밖에 없는 현실이 되었다. 그러나 한자혼용주의자들의 문제점도 두 가지가 있는바 첫째는 지나친 한자혼용으로 독서의 효율을 떨어트린다는 점이다. 둘째는 한자의 성조(聲調)를 도외시(度外視)하고 있다. 세종대왕께서는 훈민정음 창제 당시 중국어의 사성(四聲) 가운데 삼성(三聲)을 도입하여 정착된 것이 오늘날의 장단음이다. 중국어는 표의(表意)문자인 동시에 성조(聲調)가 따르는 표음(表音)문자이다. 가령 현 한자교육은 한자(漢字)를 '한자'라고만 가르치는데 그치고 있다. '한자'는 '한낱말'이란 뜻이며 [한:짜]라고 반드시 읽어야 하는 것이다.

성조 교육의 고충은 한자 배우는 사람들이 부담을 느끼는 점이다. 일본어의 한자는 반드시 음독(音讀)과 뜻을 나타내는 훈독(訓讀)을 함께 배우므로 '한 글자'에 기본적으로 두 가지 발음을 익혀야 한다.

예) 海(음독)[가이] (훈독)[우미]
山(음독)[산/센] (훈독)[야마]

'樂'는 무려 7가지나 된다는 사실을 밝혀두고 싶다.

장단음이란 '길다', '짧다'라는 말인데 뜻에서는 별개의 어휘가 된다. 영어에서는 Heal/Hill, Sheep/ship에서 뜻을 알 수도 있으며 장단음을 지킬 수 있다. 그러나 한글은 금:강[錦江]/금강[金剛], 광:주(廣州)/광주(광주)에서 한글표기로는 뜻을 알 수 없는 데도 불구하고 장단음 표시가 안 되어 있는 것이 우리의 국어현실이다. 한글과 같이 표음문자인 영어는 표의성(表意性)이 있다. 국어사전 편찬사를 보면 최초의 사전은 1920년 조선총독부가 주관한 「조선어사전」이었다. 국어학자 어윤적과 현은이 대표필진으로 추정된다. '御:下:/魚肝:油/洞:口:/過:夏:/課稅:'처럼 2음절 이하의 장음 표시가 인상적이다. 현 표준발음법에서도 '善:男善:女'[선:남선녀]처럼 제한적으로 2음절 아래에서 장음을 인정하고 있다. 3·1운동이 벌어졌던 다음해인 1920년에 모순되게도 조선 최초의 국어사전 발행이 가능했을까. 이는 아마도 식민시 정책의 이보(二步)선신을 위한 일보(一步)후퇴의 교묘한 백성들의 무마(撫摩) 정책은 아니었을까. 필자의 사견이다.

그리고 1938년 문세영 선생이 지은 「조선어사전」(1682페이지)과 1947년 이윤제 선생의 「표준 조선말사전」 특히 1947년 한글학회가 지은 「큰사전」에도 장단음이 표시되어 있는바 장단음은 거의 100년 동안 한국어 발음의 근간(根幹)이 되어 왔다. 단순장음과 장고모음(장음+고모음의 준말)은 조음점(調音点)이 다르기 때문에 문교부 당시 제정한 표준발음법에서는 소홀히 한 점을 보완하여 '가ː[aː]/갸ː[jaː]/과ː[waː]'의 음절 위에 하이픈(Hyphen)으로 표시하였다. 참고삼아 장단음의 비율은 일본어가 '3:1'로 가장 길며 영어는 '1.8:1'로 가장 짧다. 한편 한국어는 '2.88:1'이었으나 근래에는 훨씬 짧아진 경향을 보인다. 그러나 조사대상의 자료(뉴스, 중계방송)에 따라 편차를 보일 것이다. 해학으로 유명한 작가 마크 트웨인(Mark twain)이 마치 장단음의 필요성을 대변해 주는 듯한 글을 인용해 본다.

The difference between the right word and almost right word is the difference between lightning(번갯불) and the lightning bug(반딧불)

(의역) 정확한 발음과 비슷한 발음의 차이는 마치 번갯불과 반딧불만큼 다른 말이 된다.

장단음의 규범은 마치 구시대의 유물(遺物)로 생각하는 사람 가운데는 아나운서 중에도 있을 것이다. 인간의 언어생활에서 같은 길이의 음절로는 리듬이 생기지 않아 말을 할수 없다는 명제(命題)를 우선 상기(想起)시키고 싶다. 한자혼용 국어정책의 큰 뜻의 한가지는 동형이의어(同形異義語)/쌍둥이 말을 살려 언어의 품위와 함께 어휘력의 증대에 있다고 생각한다. 일본어의 「말」이란 뜻의 '고또바(ことば/言葉/말잎사귀)는 문학적이며 언어학적이다. 수세(樹勢)가 건강한 나무는 잎이 우거져 있다. 한국어라는 나무가 무성하기 위해서는 어휘가 풍부해야한다. 지금까지 어느 국어학계통의 책에 의해서도 시도(試圖)되지 않았던 이러한 동형이의어의 모음집 자료가 빈약한 국어의 어휘력에 활력을 불어 넣어 고급 한국어의 도약의 계기가 되기를 기원해본다.

아울러 한자급수취득자와 KBS의 한국어 능력시험 문제 그리고 아나운서의 발음 지침서가 되어 주기를 간곡히 바라는 바이다.

이 글의 전거(典據)는 남광우(南廣祐) 선생의 필생의 역작 한국어 발음연구Ⅰ, Ⅱ(일조각)와 필자의 표준 한국어 발음사전(공저)이 바탕이 되었다(장고모음표시).

동형이의어(同形異義語) / 동형이음어(同形異音語) / 쌍둥이말(약 700쌍)

가공	架:空(~인물)
	可:恐(~할 핵무기)
	加工(~식품)
가교	假:橋(임시로 놓은 다리)
	架橋(한·일간의 ~를 놓다)
가동	可:動
	稼動(공장이~)
가정	假:定
	家庭
간부	奸:夫(간통한 남자)
	奸:婦(간통한 여자)
	幹部
감사	感:謝
	監事(직책)
	監査(국정~)
감상	感:想
	感:傷(~에 젖다)
	鑑賞(음악~)
감정	感:情
	鑑定(미술품)
강권	强:勸(술을~하다)
	强權[꿘](계엄군의 ~)
강도	强:盜
	强度(다이아몬의~)
	强:「강제 억지로」의 뜻 일 때는 장음 「세다」일 때는 단음)

강변	强:辯
	江邊
개가	凱:歌
	開架(도서관의 ~室)
개성	個:性(~있는 삶)
	開城(~의 선죽교)
개수	改:修(~작업)
	개수(부엌의~대)
거리	距:離(학교까지의~)
	거리(명동~)
	한자와 고유어가 한 쌍을 이룬 경우
건재	健:在(힘이나 능력이 여전하다)
	乾材(한약의~)
건조	建:造
	乾燥(습기가 없어~)
경계	警:戒
	境界(~선)
경관	警:官
	景觀(수려한~)
경구	警:句(파스칼의~)
	經口(~감염/투약)
경기	競:技
	景氣(~회복)
	京畿(~知事)
	輕騎(~兵)
	驚氣[끼](갓난아기의~)

경로	敬:老(~석)
	經路(범행~)
경륜	競:輪(자전거 경기)
	經綸(~을 펴다)
경리	警:吏(경찰에 종사하는 관리)
	經理
경비	警:備(아파트의~)
	經費
경사	慶:事(집안에~가 나다)
	警:査
	傾斜(~가 심하다)
경위	警:衛
	經緯(사건의~)
경정	警:正
	更正(추가~)
경주	慶:州
	競:走
	傾注(노력을~)
고가	古:家(安東 하회마을의~)
	高架(~사다리)
	高価[까]
고도	古:都(~부여)
	孤島(절해의~)
	高度(비행기의~)
고목	古:木(용문산의~은행나무)
	枯木(~朱木)

고사	故:事(~成語)
	考:査(중간~)
	告:祀(~떡)
	固辭(장관직~)
	枯死(농작물이~)
고성	古:城(유럽의~)
	高聲(~放歌)
	固城(강원도~)
고전	古:典(문학/음악)
	苦戰(~을 면치 못하다)
고해	告:解(~성사)
	苦海(인생은~)
공	공:(축구와 야구 등의)
	公(~私)
	功(~을 들이다)
	空(~사상, 불교)
공기	공:기(여자 어린이의 놀이)
	空氣(맑은~)
	公器(방송은 사회의 ~이다)
	工期(~단축)
	空器(밥 두~)
공동	共:同
	空洞(텅빈굴)
공명	共:鳴
	公明(~정대)
	功名(~심)
공모	共:謀
	公募(공개모집)

공물	貢:物(공물을 나라에 바치다)
	公物
공수	攻:守(~가 빠른 축구대표팀)
	空輸(비행기로 수송)
	空手(~來~去)
공신	功臣
	公信(~力)
공연	共:演(함께 출연)
	公演(순회~)
공영	共:榮(인류 ~에 이바지하다)
	公營(~방송)
공학	共:學(남녀~)
	工學(섬유~)
과거	過:去
	科擧(~시험)
과정	過:程
	課程(박사~)
광주	廣:州(경기도~)
	光州(전남~)
교대	敎:大(3호선 ~역)
	交代(맞~)
교목	校:牧(학교의 크리스트교 담당목사)
	喬木(큰키나무)/관목(灌木)의 반대어

교사	敎:師
	校:舍(신축~)
	敎:唆(살인을~)
	絞死(목을 매어죽다)
구내	口:內(~염)
	構內(~매점)
구도	求:道(~자)
	舊:都(고구려의~)
	舊:道(이전에 쓰던 도로)
	構圖(~를 잡다)
구두	口:頭(~약속)
	구두(가죽~)
구명	救:命(~운동)
	究明(철저히 밝히다)
구미	口:味(~에 맞다)
	歐美(~여러나라)
	龜尾(~시장)
구비	口:碑(~문학)
	具備(~조건)
구조	救:助(~대원)
	構造(복잡한~)
구주	救:主(기쁘다~오셨네)
	九州(일본의~)
군	郡:
	軍
군수	郡:守
	軍需(~품)

굴	窟:(터널)
	굴(생~, 어리~젓)
근간	近:間(요사이)
	近:刊(~서적)
	根幹(사상의~)
금강	錦:江(~하류)
	金剛(~산)
금수	錦:繡(~강산)
	禁:輸(~품)
	禽獸(~같은 놈)
금주	禁:酒(~령)
	今週(이번주)
기생	妓:生(~황진이)
	寄生(~충)
난도	亂:刀(~질)
	難度(고~의 묘기)
난사	亂:射(권총을~)
	難事(어려운 일)
난자	亂:刺(칼로~)
	卵子(정자와~)
낭자	狼:藉(유혈이~)
	郎子(총각)
	娘子(처녀)
내력	耐:力(공업용 용어)
	來歷(집안~)
노비	路:費(여행에 드는 비용)
	奴婢(사내와 계집 종)

농담	弄:談
	濃淡(색채의~)
눈	눈:(~보라)
	눈(~빛)
단가	短:歌(시조)
	單價[단까](생산~)
	團歌(단체의 결속을 위한 노래)
단기	短:期
	檀紀
	團旗(올림픽 선수단~)
단문	短:文
	單文(홑문장)(나팔꽃이 피었다)
단속	斷:續(~음)
	團束(문~)
단수	斷:水(수돗물~)
	單數
	段數[쑤](태권도~)
단식	斷:食(~투쟁)
	單式(~경기)
단신	短:信(해외~)
	短:身(의 농구선수)
	單身(혈혈~)
단음	短:音(~의 발음은 장음이다)
	單音(홑소리)
단장	短:杖(~을 짚다)
	斷:腸(~의 슬픔)
	丹粧(신부의~)
	團長(인솔~)

단정	斷:定
	端正(품행이~)
단조	短:調[쪼](minor)
	單調(~롭다)
단종	斷:種(제품의~)
	端宗(어린~)
단주	斷:奏(staccato)
	斷:酒(술을 끊다)
	端株(증권 용어)
단지	但:只(다만)
	斷:指(혈서를 쓰려고~)
	團地(아파트~)
단층	斷:層(~촬영)
	單層(~집)
단행	斷:行(제도개편~)
	單行(동행이 없는~)
담	膽:(쓸개)
	痰:(가래)
	담(~벼락)
대구	對:句[꾸](상대되는 뜻을 나타내는 말)
	大邱(지명)
	大口(생선~)
	'大'는 지명 大邱, 大田, 생선 大口만이 단음이다.
대목	大:木(목수)
	대목(추석~)

대본	大:本(큰 근본)
	臺本(방송~)
대사	大:事(~를 치르다)
	大:使(주:한~)
	臺詞(~를 외다)
대상	大:賞
	帶:狀(~ 포진)
	隊商(caravan)
대지	大:地(펄벅의 작품~)
	垈地(가옥~)
도	道:
	度(맥주의 ~數)
도가	道:家(무위자연의~)
	都家(술~)
도로	道:路(~정비)
	徒勞(헛수고)
도상	途:上(발전~)
	圖上(~연습)
도수	度:數[쑤]
	導:水(~관)
	屠:獸(~장)
	徒手(~체조)
도장	道:場(태권[태꿘]~)
	도:량(道場)(사찰의~)
	圖章(인감~)
	塗裝(페인트~)

도정	道:政(~행정)
	道:程(선진국으로의~)
	搗精(쌀~)
도제	道:諦(붓다 깨달음의 하나)
	徒弟(~교육)
	陶製(~기마 인물상)
도인	道:人
	陶印(흙으로 빚은 도장)
도청	道:廳(~소재지)
	盜聽(전화~)
도통	道:通(~하다)
	都統(도무지)
도화	導:火(~선)
	桃花
	圖畫(~지)
돈독	돈:독(毒)[똑](~이 오르다)
	敦篤(~한 사이)
동경	憧:憬(~의 대상)
	銅鏡(구리거울)
	東經(~과 서경)
	東京(~올림픽)
동계	洞:契(동네의 계)
	同:系(~열 회사)
	冬季(~올림픽)
동구	洞:口(~밖)
	東歐(~여러나라)

동기	動:機
	同:期
	同氣(~간)
	銅器(~시대)
	同 다음의 문자가 뜻이 있는 실사(實辭)일 때는 同이 장음이 된다(필자의 연구).
동문	洞:門(동굴의 문)
	東門(~서문)
	同門(~회)
동상	凍:傷(~에 걸리다)
	銅像(세종대왕의~)
	銅賞(금은~상)
동서	同:棲(~류)
	同壻(맏~)
	東西
동안	童:顔
	東岸(대서양~)
동의	同:意(~를 구하다)
	動:議(긴급~)
	胴衣(구명~)
동인	動:因(임진왜란의~)
	東人(~서인)
동자	童:子(삼척~)
	瞳:子(눈동자)
	동자(부엌일)
동점	同:點[쩜]
	東漸(~西勢)

동정	動:靜(~을 살피다)
	同:情(~심)
	童:貞(~을 지키다)
	東征(알렉산더의~)
동지	同:志(~애)
	冬至(~섣달)
동해	凍:害(~방지)
	東海
동향	動:向(경기의~)
	同:鄕(~의 친구)
	東向(~집)
	鄕이 實辭이므로 同:이 장음
동화	童:話(안데르센~)
	同:化
	同和(~통신)
	同 다음의 글자가 뜻이 있는 실사 일 때는 장음이 된다(필자의 연구).
망상	妄:想(~에 빠지다)
	網狀(그물 모양)
말	말:(우리~)
	말(뛰는~)
매장	賣:場(화장품~)
	埋葬(사회적으로 ~되다)
맹장	猛:將(용맹한 장수)
	盲腸(~염)
면	面:
	麵:(~류 음식)
	綿(~과 화학섬유)

면직	免:職(의원~)
	綿織(~물)
모자	母:子(어머니와 아들)
	帽子(베레~)
모함	母:艦(항공~)
	謀陷(~을 받다)
모형	母:型
	模形(型)(~비행기)
몽매	夢:寐(~에도 그리운 사람)
	蒙昧(무지~)
무고	誣:告(~죄[쬐])
	無故(집안이~하다)
무관	武:官
	無關(나와 ~하다)
무기	武:器(~여 잘 있거라)
	無期(~한)
	無機(~물)
무단	武:斷(~통치)
	無斷(~주차, ~횡단, ~결석)
무력	武:力(~도발)
	無力(~감)
무문	舞:文(~곡필)/왜곡된 글
	無紋(~토기)
무사	武:士
	無死(No out~ 만루)
	無事(~안일)
무산	霧:散(계획이~)
	無産(~대중)

무순	무:筍(무에서 자란 순)
	無順
무신	武:臣
	無信(∼론)
무위	武:威(∼를 떨쳐라)
	無爲(∼자연설)
무용	舞:踊(시립∼단)
	武:勇(∼담)
	無用(쓸모없다)
무인	武:人
	無人(∼카메라)
무지	拇:指(엄지손가락)
	無地(무늬 없는 천)
	無知(∼몽매)
문진	問:診(의사의∼)
	文鎭(화선지를 누르는 물건)
미관	美:觀(도시∼)
	微官(∼말직)
미명	美:名(자선가란∼)
	未:明(채 밝기 전/10일 ∼을 기하여)
	微明(희미하게 밝아오다)
미풍	美:風(∼양속)
	微風(∼이 불다)
반포	反:哺(은혜를 갚다, ∼報恩)
	頒布(교육헌장∼)

발	발:(∼로 햇빛을 가리다)
	발:(피륙의 굵은 정도, ∼이 고운 모시)
	발:(두 팔을 펴서 벌린 길이, 한∼, 두∼)
	발(맨∼, 마당∼)
밤	밤:(∼나무꽃)
	밤(∼낚시)
방	榜:(이 나붙다)
	房(옥탑∼)
방면	放:免(무죄∼)
	方面
방문	訪:問
	房門(∼을 열다)
방사	放:射(∼선)
	放:飼(닭을 풀어놓아 기르다)
	紡絲(실을 뽑다)
방수	放:水(∼로)
	防水(∼복)
방화	放:火(∼범)
	防火(∼주간)
배상	拜:上(편지의 끝이름 다음에 쓰는 말)
	賠償(손해∼)
배우	配:偶(∼자)
	俳優(인기∼)
변	卞:
	邊

병	病:
	甁(맥주~)
병기	倂:記(한자~)
	兵器(~창고)
병마	病:魔
	兵馬(~절도사)
병사	病:死
	兵士
부대	附:對(~사업)
	部隊(군~)
부도	附:圖(지리~)
	不渡(~수표)
부상	副:賞
	負:傷
	浮上(우승후보로 급~)
부여	附:與(특권을~)
	賦:與(나누어 주다)
	扶餘(古都~)
부유	富:裕(~층)
	浮遊(~인생)
부인	否:認
	夫人(남의 아내의 높임말)
	婦人(결혼한 여자)
부자	富:者
	父子(아버지와 아들)
부장	副:葬(왕릉의 ~품)
	部長(~판사)

부정	否:定(사실을~)
	不正(~축재)
	不淨(깨끗하지 않다/~탄다)
	不貞(~한 여자)
	父情(아버지의 정)
	不定(주거~)
부채	負:債(~를 청산하다)
	부채(~질)
부표	否:票(~를 던지다)
	浮漂(안전항해를 위한 표지)
부하	負:荷(~량)
	部下(~직원)
분	憤:(~풀이)
	盆(~갈이)
	粉(~ 바르다)
비행	非:行(~청소년)
	飛行(~거리)
사고	事:故(안전~)
	思考(~방식)
	社告(회사의~)
사과	謝:過(~문)
	사과(빨간~)
사기	史:記(삼국~)
	士:氣(~진작)
	詐欺(~당하다)
	沙器(~그릇)

사물	事:物
	四:物(~놀이, 불교의~)
	私物(~함)
사방	四:方
	砂防(~사업)
사법	四:法(기승전결의 작법)
	死:法(효력을 잃은 법률)
	司法(~경찰)
	私法[사뻡]
사병	士:兵
	私兵(일본의 사무라이는~)
사부	四:部(~합창)
	師父(스승)
사도	使:道 (에수의 12제:지/평회의 ~)
	사:또 (고을의 원님)/원말은 使:道
	師道 (스승의 길)
	邪道 (그릇된 길)
사상	思:想
	死:傷(~자)
	砂上(~누각)
사색	四:色(~당파)
	死:色(얼굴이~이 되다)
	思索
사생	死:生(~결판)
	寫生(~대회)
사서	四:書(~삼경)
	司書(도서관이~)

사석	死:石(바둑 용어)
	私席
	捨石(바둑 용어)
사선	死:線(~을 넘다)
	斜線(빗금)
사수	死:守
	射手(특등~)
사시	四:時(~사철)
	社是(KBS의~)
	斜視(~교정)
사신	使:臣
	私信(개인의 편지)
사실	事:實(~무근)
	寫實(~화)
사용	使:用
	私用(公用의 반대어)
사우	四:友(문방~)
	社友(회사의 동료)
사유	事:由(~를 묻다)
	思惟(인간은~하는 동물이다)
	私有(~재산)
사의	謝:意(~를 표하다)
	辭意(~를 표명)
사장	死:藏(재능이 ~되다)
	社長
	沙場(백~)
사적	史:蹟(역사적인 자취)
	私的[쩍]

사전	事:典(백과~)
	事:前(~사후)
	辭典(국어~)
사절	使:節(외교~)
	謝:絕(외상~)
	辭絕(사양하여 받지 않는다)
사정	事:情
	査定(성적~)
	査正(바로잡다)
	射程(~거리)
사족	四:足(~을 못쓰다)
	蛇足(~을 달다)
사주	四:柱(~팔자)
	使:嗾(불순세력의 ~를 받다)
	社主
사지	死:地(~에서 벗어나다)
	四:肢
	寺地(절터)
사칙	四:則(덧셈, 뺄셈, 곱셈, 나눗셈의 법칙)
	社則(회사의 규칙)
사태	事:態(~수습)
	沙汰(산~)
	사태(쇠고기의~)
사학	史:學(역사학)
	私學(~의 명문)
사형	死:刑
	詞兄(문인 사이의 호칭)

산수	算:數
	山水(~화)
산적	散:炙(명절 음식~)
	山積(~한 과제)
산전	産:前(아기 낳기 전)
	山戰(~水戰)
산정	算:定(~가격)
	山頂(~에 오르다)
	山情(~무한)
산지	産:地(~가격)
	山地(~가 많은 나라)
산촌	散:村(인가가 분산된 마을)
	山村(~에 묻혀 살다)
산화	散:華(백마고지에서 ~한 용사)
	酸化(물은 산화수소)
상	上:(품질이 ~에 속한다)
	相(이 아이는 장차 크게 될 ~이다.)
	喪(~을 치르다)
	床(~을 차리다)
상감	上:監(임금의 높임말)
	象嵌(~청자)
상고	上:古(~시대)
	上:告(~기각)
	商高(~출신 대통령)
상공	上:空(서울~)
	商工(~회의소)

상관	上:官(직책~)
	相關(~관계)
상권	上:卷(~하권)
	商圈[꿘](~이 좋은 전철역 근처)
상급	上:級(~기관)
	賞給(상으로 주는 것)
상기	想:起(지난 일을 ~하다)
	上:氣(얼굴이 ~되다)
	詳記(상세한 기록)
상대	上:代(윗대)
	相對
	商大(~졸업)
상례	上:例(위에 든 예)
	常例(보통 있는 예)
	喪禮(喪中의 예의)
상면	上:面(윗면)
	相面(서로 대면함)
상반	上:半(~身)
	相反(이해가~)
상부	上:部(~에 보고)
	相扶(~상조)
상사	上:司(~를 모시다)
	商社(고려~)
	相思(~병)[뼝]
	常事(~로운 일)
상서	上:書(예전 편지투)
	祥瑞(~로운 일)

상석	上:席(~에 앉다)
	床石(묘 앞의~)
상수	上:水(~도)
	上:手(高手)
	上:壽(100세 이상)
	常數(수학 용어)
상술	上:述(앞에 말하는 것)
	商術(~이 좋다)
	詳述(자세히 설명)
상승	上:昇(~기류)
	相乘(~작용)
상식	上:食(喪家에서 ~을 올리다)
	常識
상의	上:衣
	相議(서로의 의견을 ~하다)
상장	上:場(~기업체)
	賞狀[상짱](~과 부상)
	喪章(검은~)
상처	喪:妻(젊어서 ~를 당하다)
	傷處(~가 아물다)
상품	上:品
	賞品(~을 받다)
	商品(~광고)
상하	上:下(~좌우)
	常夏(~의 나라)
상해	上:海(중국의~)
	傷害(~보험)

서기	瑞:氣(~가 감돌다)
	西紀
	書記(~관)
서명	署:名(~운동)
	書名(책 이름)
서문	序:文(머리말)
	西門(~동문)
서사	敍:事(~시)
	書士(사법~)
서산	瑞:山(충남~)
	西山(~에 지는 해)
서생	庶:生(첩의 자식)
	書生(유학을 닦는 사람)
서식	棲:息(~처)
	書式(~을 따르다)
서원	誓:願(修女의 終身~)
	書院(陶山~)
서인	庶:人(서인)(서:민)
	西人(동인~)
서장	署:長(경찰서~)
	西藏(티베트)
	誓狀(조선시대 외국사절의 기록관)
서초	瑞:草(강남~)
	西草(평안도산 담배)
서행	徐:行(~운전)
	西行(불교에서 서방정도로 가는 일)

선	善:(~한일)
	선:(~을 보다)
	禪(~宗)
	線(~을 긋다)
선도	善:導(청소년~)
	鮮度(생선의~)
	先導(~차)
선물	膳:物(생일~)
	先物(~거래)
선발	選:拔(미스코리아 ~대회)
	先發(~투수, ~대)
선방	善:防(운동경기에서 잘 막다)
	禪房(불교의~)
선수	選:手(운동~)
	先手(~를 쓰다)
선심	善:心(~을 쓰다)
	線審(운동 경기의~)
선인	善:人
	仙人(神仙)
선임	選:任(전무이사로~)
	先任(~자)
선전	善:戰(~분투)
	宣傳(~효과)
	宣戰(~포고)
선정	善:政(~을 베풀다)
	選:定(우수선수로~)
	禪定(참선에서~들다)
	煽情(~적인 누드사진)

선행	善:行(~상)
	先行(~학습, ~주자(야구))
성	성:(~을 내다)
	性:(~교육)
	姓:(~씨)
	城(~을 쌓다)
성가	聖:歌(~대)
	聲価[까](~가 높아졌다)
성대	盛:大(~한 의식)
	聲帶(~모사)
성명	姓:名
	聲明(~서)
성상	聖:像(성모님의~)
	星霜(해방된 지 70여년의 ~이 흘렀다)
성신	聖:神(천주교의 성령)
	誠信
성역	聖:域(순교자의~)
	聲域(성악가의~)
성의	聖:衣(예수가 입었던 옷)
	誠意(성심~)
성인	聖:人(3대~)
	成人(~병)
성장	盛:裝(~한 귀부인)
	成長(경제~)
성적	性:的[쩍](~욕망)
	成績(시험~)

성지	聖:地(~순례)
	城址(성터)
성하다	盛:하다(한창 왕성하다, 감기가 ~하니 조심)
	성하다(온전하다, 온몸이 ~한 데가 없다)
성현	聖:賢(~의 가르침)
	成俔(역사인물)
소생	小:生(자기의 낮춤말)
	蘇生(기적으로 ~하다)
소성	塑:性(~가공)
	燒成(도자기의 ~작업)
소식	小:食(비만 방지의~)
	消息(기쁜~)
소실	小:室(~을 두다)
	燒失(건물이~되다)
	消失(사라져 없어지다)
소요	所:要(~인원)
	逍遙(슬슬 걷다)
	騷擾(~죄[쬐])
소원	所:願(~성취)
	訴願(헌법~)
	疎遠(두 친구가 오해로 ~해지다)

소장	所:長(연구~)
	所:藏(국보~)
	少:將(육군~)
	小:腸(작은창자)
	少:壯(~파)
	訴狀[짱](법원에~제출)
소재	所:在(책임~)
	素材(수필의~)
소지	所:持(~품)
	素地(예술가의~)
솔	솔:(~로 구두를 닦다)
	솔(~방울[빵울])
수리	數:理(수학의 이론)
	修理(집을 ~하다)
	水利(~시설)
수사	數:詞(품사의 한 가지)
	搜査(초등~)
	修辭(~법[뻡])
	修士(神父와~)
수식	數:式(수학의~)
	修飾(문장의~)
수인	數:人(두서너 사람)
	手印(관음보살의~)
수종	數:種(몇 가지 종류)
	水腫(병의 일종)
수차	數:次(몇 차례)
	水車(물레방아)

수치	數:値(건강검진의~)
	羞恥(~심)
	수치(소금에 절여 말린 민어의 수컷. 암컷은 암치) 지금은 조기를 절여 말린 굴비가 인기 있듯 해방 후까지도 암치가 기호식품이었다.
수표	數:表(수학 용어)
	手票(자기앞~)
수학	數:學(~공식)
	修學(~여행)
순조	順:調(~진행)
	純祖(조선조의~)
순종	順:從(~하는 성품)
	純種(~의 진돗개)
시	市:(~행정)
	時(몇~)
	詩(~를 짓다)
시가	市:街(~행진)
	市:価[까](시장의 가격)
	詩歌(~문학)
	媤家(시댁)
시각	視:角(긍정적인~)
	視:覺(~장애)
	時刻(지금~은 10시입니다)
시경	市:警(~출입기자)
	詩經(~서경)
시계	視:界(안개가 ~를 가리다)
	市:界(서울~)
	時計(손목~)

시공	施:工(~업체)
	時空(~을 초월하다)
시구	始:球(야구의~)
	詩句[꾸](~를 외다)
시기	(始:期) (법률 등이 시작되는 시기)
	試:技(역도에서 선수가 신청한 중량 제 3차 ~에서 성공하다)
	猜忌(~심)
	時機(알맞은 기회/~상조)
	時期(온갖 과일이 나올 ~이다)
시보	試:補(사법관~)
	時報(정오~, 방송과 통신 등에서 시간알리는 일)
시비	是:非(잘잘못)
	市:費(시의 경비)
	施:肥(거름 주기)
	詩碑(~건립)
시사	示:唆(독일통일이 우리에게~하는 점)
	試:寫(~회)
	時事(~평론가)
	詩史(한국의~)
시상	施:賞(~식)
	詩想(~이 떠오르다)
시성	諡:聖(천주교의 ~식)
	詩聖(~타고르)
시세	市:勢(시의 종합적인 상태)
	時勢(~의 변동)

시식	試:食(~후의 평가)
	時食(계절음식)
시인	是:認(잘못을~)
	詩人(청록파~)
시작	始:作
	詩作(시인의 ~활동)
시점	視:點[쩜](사물에 대한 관점)
	時點[쩜](중요한~)
시정	市:政(시의 행정)
	是:正(결함을 ~하다)
	市:井(~잡배)
	詩情(~이 넘치다)
시조	始:祖(단군~)
	時調(~문학)
시차	視:差(관측 위치에 따른~)
	時差(여행의~)
시흥	始:興(~역)
	詩興(~이 일어나다)
신	愼:
	申
	辛
신문	訊:問(증인~)
	新聞(~기자)
신사	紳:士(~도가 사라졌다)
	神社(~참배)
신임	信:任(~을 받다)
	新任(~장관)

신장	腎:臟(~결석)
	伸張(여권[꿘]~)
	新裝(~개업)
	身長(키)
	신欌[짱](신 넣는 장)
심리	審:理(법률용어)
	心理(~소설)
심사	審:査(~위원)
	深思(~숙고)
	心思(고약한~)
아명	雅:名(아취 있는 이름)
	兒名(아이 때의 이름)
안전	眼:前(눈 앞)
	案:前(상급 관리의 존칭대명사)
	安全(교통~)
양가	兩:家(~부모)
	良家(~의 자제)
양모	養:母(키워준 어머니)
	羊毛(~이불)
양성	養:成(인재~)
	陽性(~반응)
양식	養:殖(생선~)
	洋式(서양식)
	洋食(서양음식)
	樣式(생활~)
	糧食(마음의~)
	良識(그의 ~이 의심스럽다)

없다	없:다
	업다(아기를~)
여식	與:信(~한도)
	女神(행운의~)
연고	軟:膏(습진~)
	緣故(무슨~, ~지)
연금	軟:禁(가택~)
	鍊:金(~술, 원시적 화학기술)
	年金(~보험)
연기	演:技(~력)
	延期(무기~)
	煙氣(담배~)
연보	捐:補(천주교의~)
	年譜(작가의~)
연서	戀:書(연애편지)
	連署(탄원서를 위한~)
연석	宴:席(축하연회를 베푸는 자리)
	連席(~회의)
	緣石(차도와 보도의 경계가 되는 돌)
연수	研:修(~생)
	軟:水(단물)
	年收(일 년 간~)
	年數[쑤](근무~)
연정	戀:情(~을 품다)
	聯政(~을 구성)
연체	軟:体(~동물)
	延滯(~이자)

영구	永:久(~보존)
	靈柩(~차)
영리	怜悧(~한 어린이)
	營利(~단체)
영세	永:世(~중립국 스위스)
	領洗(세례를 받다)
	零細(~상인)
영주	永:住(~권)
	領主(중세의~)
영창	映:窓(방과 마루사이의 두 쪽 미닫이)
	詠:唱(aria)
	營倉(~에 가다)
영천	永:川(경북~)
	靈泉(서대문구~)
오산	誤:算(잘못된 계산)
	烏山(~비행장)
오열	五:列(조직 내의 적)
	嗚咽(목메어 울다)
왕성	旺:盛(식욕이~)
	王城(五都)
외상	外:相(영국~)
	외:상(~값)
	외床(겸상의 반대어)
요람	要:覽(중요한 내용을 뽑은 책, 학교~)
	搖籃(발달이 초창기, 민주주의의 요람기)

요망	要:望(~사항)
	妖妄(경솔하고 방정맞다)
요사	夭:死(夭折)
	妖邪(요망하고 간사하다)
요원	要:員(간부~)
	燎原(~의 불길처럼 번지는 민주화운동)
요절	夭:折(~한 기형도 시인)
	腰折(~복통)
용기	勇:氣(~를 내다)
	容器(그릇)
용량	用:量(약의 하루~)
	容量(컴퓨터의 기억~)
용병	用:兵(~술)
	傭兵(~제도)
용의	用:意(마음의 준비, ~주도)
	容疑者(~자, 피의자)
우수	偶:數(짝수)
	雨:水(~경칩)
	右:手(오른손)
	憂愁(~에 잠기다)
우정	友:情
	郵政(~사무)
우편	右:便(오른편)
	郵便
원광	遠:光(멀리서 보는 경치)
	原鑛(~石)
	圓光(불상의~)

<table>
<tr><td rowspan="2">원대</td><td>遠:大(~한 구상)</td></tr>
<tr><td>原隊(~복귀)</td></tr>
<tr><td rowspan="2">원로</td><td>遠:路(먼길)</td></tr>
<tr><td>元老(학계의~)</td></tr>
<tr><td rowspan="3">원산</td><td>遠:山(~을 바라보다)</td></tr>
<tr><td>原産(보르네오 ~의 목재)</td></tr>
<tr><td>元山(6.25 때 ~철수)</td></tr>
<tr><td rowspan="2">원서</td><td>願:書(입시~)</td></tr>
<tr><td>原書(독일어~)</td></tr>
<tr><td rowspan="2">원수</td><td>怨:讐(가난이 ~다)</td></tr>
<tr><td>元首(국가~)</td></tr>
<tr><td rowspan="2">원시</td><td>遠:視(근시의 반대말)</td></tr>
<tr><td>原始(~시대)</td></tr>
<tr><td rowspan="3">원인</td><td>遠:因(역사적 사건의 ~과 近因)</td></tr>
<tr><td>原因(~과 결과)</td></tr>
<tr><td>猿人(最古의 화석인류)</td></tr>
<tr><td rowspan="2">원조</td><td>援:助(식량~)</td></tr>
<tr><td>元祖(맛집의~)</td></tr>
<tr><td rowspan="3">유가</td><td>有:價[까](~증권)</td></tr>
<tr><td>油價[까](~가 오르다)</td></tr>
<tr><td>儒家(~사상)</td></tr>
<tr><td rowspan="2">유고</td><td>有:故(대통령 ~시)</td></tr>
<tr><td>遺稿(~시집)</td></tr>
<tr><td rowspan="2">유급</td><td>有:給(~휴가)</td></tr>
<tr><td>留級(진급하지 못하다)</td></tr>
<tr><td rowspan="2">유기</td><td>有:機(~화학)</td></tr>
<tr><td>遺棄(~견)</td></tr>
</table>

<table>
<tr><td rowspan="2">유도</td><td>誘:導(~신문)</td></tr>
<tr><td>柔道(~는 올림픽 금메달의 효자종목)</td></tr>
<tr><td rowspan="2">유독</td><td>有:毒(~가스)</td></tr>
<tr><td>惟獨(오직 홀로)</td></tr>
<tr><td rowspan="3">유리</td><td>有:利(~하다)</td></tr>
<tr><td>琉璃(~병)</td></tr>
<tr><td>遊離(국민과 ~된 정책)</td></tr>
<tr><td rowspan="2">유명</td><td>有:名(~메이커)</td></tr>
<tr><td>幽明(~을 달리하다)</td></tr>
<tr><td rowspan="3">유산</td><td>有:産(~계급)</td></tr>
<tr><td>遺産(문화~)</td></tr>
<tr><td>流産(자연~)</td></tr>
<tr><td rowspan="2">유선</td><td>有:線(~통신)</td></tr>
<tr><td>遊船(놀잇배)</td></tr>
<tr><td rowspan="4">유성</td><td>有:性(생물학 용어)</td></tr>
<tr><td>流星(별똥)</td></tr>
<tr><td>油性(~페인트)</td></tr>
<tr><td>遊星(行星)</td></tr>
<tr><td rowspan="2">유세</td><td>有:勢(~를 부리다)</td></tr>
<tr><td>誘說(지방~)</td></tr>
<tr><td rowspan="2">유수</td><td>有:數(국내 ~의 건설회사)</td></tr>
<tr><td>流水(세월이 ~같다)</td></tr>
<tr><td rowspan="2">유신</td><td>有:神(~론)</td></tr>
<tr><td>維新(일본의 명치~)</td></tr>
<tr><td rowspan="2">유용</td><td>有:用(~식물)</td></tr>
<tr><td>流用(공금~)</td></tr>
</table>

유의	有:意(~행동)	이전	以:前(개화기~)
	留意(~사항)		移轉(~등기)
유인	有:人(~우주선)	이종	異:種(~교배)
	誘:引(작전)		姨從(~사촌)
	流人(유배당한 사람)	이천	利:川(경기도~)
유자	柚:子(~차)		伊川(강원도~)
	遺子(유복자)	이체	異:体(~문자[짜]는 漢字의 약자)
유종	有:終(~의 미)		移替(자동~)
	乳腫(젖멍울)	이화	異:化(언어학의 용어 同化의 반대 개념)
유지	有:志(지방~)		
	遺志(고인의~)		李:花(자두꽃)
	油脂(~공업)		梨花(배꽃)
유해	有:害(~식품)	일가	一:家(~친척)(一(실사)+家(실사))
	遺骸(~를 조국에 모시다)		一家(~를 이루다)
유형	類:型(~분류)	임지	任:地(~로 떠나다)
	有:形(~무형)		林地(넓은~)
	流刑(孤島로 ~을 보내다)	자기	磁:氣(~나침반)
이사	理:事(~회)		自己(~과시)
	二:死(9회말~)	자문	諮:問(~위원)
	移徙(~철)		刺:文(文身)
이심	二:審(~판결)		自問(~자답)
	移審(법률용어)	자살	刺:殺(야구의 touch out 補殺의 반대말)
이월	二:月(~혁명)		
	移越(잔액~)		自殺(~골)
이장	里:長	자상	刺:傷(칼에 찔린 상처)
	移葬(무덤을 옮기는 일)		仔詳(~한 성격)
이재	理:財(~에 밝다)	자성	磁:性(~을 띠다)
	罹災(~민)		自省(~의 기미가 보인다)

자수	刺:繡(전통~)	장비	葬:費(~는 보험으로 해결)
	自手(~성가)		裝備(등산~)
	自首(범인의~)	장송	葬:送(~곡)
자원	資:源(지하~)		長松(낙락~)
	自願(~입대)	장수	將:帥(을지문덕~)
자의	恣:意(제멋대로 하는 언행)		長壽(~의 비결)
	自意(~ 반 타의 반)		張數[쑤](~를 세다)
자재	資:材(건축~)		장수(물건을 파는 사람)
	自在(자유~)	장원	壯:元(~급제)
자행	恣:行(유태인의 학살을 ~하다)		莊園(유럽 중세의~)
	自行(스스로하다)	장인	丈:人(~어른)
장	醬:(~을 담그다)		匠人(~정신)
	臟:(~이 튼튼하다)	장정	壯:丁(~댓:사람)
	欌:(~농)		裝幀(호화~본)
	張(~선생)		長征(대~)
	場(대화의~, ~에 가다)	장지	壯:紙(조선시대 종이의 일종)
장기	臟:器(~이식)		葬:地(~까지 간 상주의 친구)
	將:棋		長指(가운데 손가락)
	長期(~간)	장대	壯:大(기골이 ~하다)
	長技[끼](~자랑)		長대[때](~비, ~높이뛰기)
장도	壯:途(~에 오르다)	재간	再:刊(~본)
	粧刀(은~)		才幹(손~)
장벽	腸:壁(~의 용정을 때어내다)	재기	再:起(~에 성공)
	障壁(관세~)		才氣(~발랄)
장병	將:兵(국군~)	재수	再:修(~생)
	長病(~에 효자 없다)		財數(~있는 날)
장부	丈:夫(~의 체면)	재판	再:版(~발행)
	帳簿(~정리)		裁判(형사~)

전가	轉:嫁(책임~)
	傳家(~寶刀)
전경	戰:警(전투경찰)
	全景(마을의~)
	前景(앞쪽의 경치)
전공	戰:功(~을 세우다)
	專攻(~분야)
전과	轉:科[꽈](국문과에서 사학과로~)
	戰:果[꽈](혁혁한~)
	前科[꽈](~3범)
전구	電:球(백열~)
	全區(전체의 구)
전국	戰:國(춘추~시대)
	戰:局(전쟁의 판국)
	全國(~체육대회)
전기	電:氣(~냉장고)
	轉:機(전환점의 기회)
	傳記(위인의~)
	前期(프로야구 ~리그)
전단	戰:端(전쟁의 실마리)
	傳單(불온~)
	全段(~광고)
전당	殿:堂(평화의~)
	典:當(아직도 ~포가 있다)
	全党(~대회)
전대	戰隊(순양함에 의해 편성된 함대)
	纏:帶(~를 허리에 차다)
	前代(~미문의 참사)
전도	顚:倒(주객이~)
	前途(~가 유망)
	全圖(대한민국~)
	傳道(~사)
	前渡(~금)
	傳導(~율)
전등	電:燈(~불)
	前燈(헤드라이트)
전략	戰:略(~무기)
	前略(글에서 앞 부문을 줄이다)
전례	典禮(~음악, 천주교 성당의 ~부)
	前例[전녜](~를 따르다)
전력	電:力(~공급)
	戰:力(우세한~)
	專力(발음 연구에~)
	全力(~질주)
	前歷(화려한~)
전매	轉:賣(아파트~)
	專賣(~특허)
전문	電:文(전보문)
	全文(조약의~)
	專門(~교육)
전방	廛:房[빵](~을 차리다)
	前方(~근무)
전법	戰:法[뻡](싸우는 방법)
	傳法[뻡]
전복	顚:覆(열차~)
	全鰒(~회)

전사	轉:寫(책을~하다)
	戰:史(전쟁역사)
	戰士(무명~)
	前史(先史)
	全社(~적 행사)
전선	戰:線(서부~)
	戰:船(~3척)
	前線(산업~)
전성	轉:成(품사의~, '믿다'가 '믿음'으로 바뀌는 것)
	展:性(금은동은 얇게 펴지는 ~이 있다)
	全盛(~시대)
전세	戰:勢(~가 유리하다)
	傳貰(~를얻다)
	專貰(~버스)
전송	電:送(~사진)
	餞:送(공항에 나가 ~하다)
	傳送(전하여 보내다)
	傳誦(불경은 暗誦으로 ~되었다)
전술	戰:術(~핵무기)
	前述(~한 것처럼)
전승	戰:勝(~탑)
	傳承(~공예)
	全勝(~가도)
전신	傳:信(~전화국)
	全身(~사진)
	前身(고려대의 ~은 보성전문)

전업	轉:業(~은 용기가 필요하다)
	專業(~주부)
	前業(불교의 전생의 업)
전역	轉:役(예비역으로~)
	前驛[녁](서울역의 ~은 시청역)
	全域[저녁](북한~)
전열	電:熱(~기)
	戰:列(~을 가다듬다)
	前列[녈]
전용	轉:用(예산을 다른 용도로 ~하다)
	專用(버스~차선)
전원	電:源(~회로)
	全員(~참가)
	田園(~생활)
전의	戰:意(~상실)
	轉:義(뜻이 바뀜)
	典:醫(궁내의원)
	傳衣(큰스님이 제자에게 도를 전하다)
	田衣(스님의 옷, 직사각형의 밭 모양 같은데서 유래)
전임	轉:任(~발령)
	專任(~강사)
	前任(~장관)
전자	電:子(~레인지)
	前者(~와 후자)

전장	戰:場(전쟁터)
	前章(문장의~)
	前場(증권거래소의~)
전재	轉:載(발표된 글을 다른 지면에 옮겨 싣다)
	戰:災(~민)
	全載(신문에~)
전적	戰:績(~이 화려하다)
	轉:籍(~신고서)
	戰:跡(~지)[찌]
	田籍(조선시대 토지대장)
전주	電:柱(전봇대)
	箋:註(뜻을 설명한 글)
	錢:主(밑천을 대준 사람)
	前奏(~곡)
	前週[쭈]
	全州(~비빔밥)
전지	轉:地(~훈련)
	剪:枝(가지치기)
	電:池(배터리)
	全紙(~ 한 장은 40호)
전직	轉:職(작가로~)
	前職(~교사)
전철	電:鐵(~역)
	前轍(나쁜 ~을 밟:다)
전통	箋:筒(화살 넣는 통)
	傳統(역사와~)

전파	電:波(~탐지기)
	傳播(복음을~)
	全破(가옥~)
전표	錢:票(인부에게 ~를 주다)
	傳票(지불~)
전해	電:解(~질)
	前해(지난해)
전형	典:型(~적인 미인)
	銓:衡(서류~)
	全形(완전한 형체, 전체의 모양)
전후	戰:後(~세대)
	前後(~사정)
정	정:(~하고 싶다면)
	正:(~사원)
	鄭:(~夢周)
	丁(~若鏞)
	情(부부의~)
정관	定:款(회사의~)
	精管(~수술)
정교	正:教(그리스의~회)
	精巧(솜씨가 ~하다)
정당	正:當(~방위)
	政党(~정치)
정도	正:道(~를 걷다)
	程度(~가 지나치다)
정류	整:流(물리학 용어, ~작용)
	停留(~장)

정리	整:理(책상~)
	定:理(피타고라스의~)
	情理(인정과 도리)
정립	定:立(명제를~)
	鼎立(삼국의~)
정맥	整:脈(규칙적인 맥박)
	靜脈(종아리의 ~류)
정복	正:服(~차림)
	征服(몽고의 유라시아~)
정사	正:史(~와 야사)
	政事
	情事(혼외~)
정상	正:常(~근무)
	頂上(한미 ~회담)
정서	正:書(~법)
	情緖(~교육)
정실	正:室(~부인)
	情實(~이 작용)
정연	整:然(질서가 ~하다)
	井然(논리가 ~하다)
정원	定:員(~제)
	庭園(~사)
정의	定:義(~를 내리다)
	正:義(~감)
	情誼(그동안의~)

정정	正:正(~당당하다)
	正:定(불교의 八正道의 한 가지)
	訂正(오자[짜]를 ~하다)
	政情(~이 불안)
	정정(노인이 건강하다)
정제	整:齊(의관을 ~하다)
	精製(~품)
	錠劑(알약)
정조	正:祖(~의 개혁정신)
	貞操(~를 지키다)
정좌	正:坐(책상 앞에 ~하다)
	靜坐(참선하기 위해 ~하다)
정지	整:地(~작업)
	停止(~신호)
정직	正:直(~한 마음)
	停職(3개월~)
정찰	正:札(~제)
	偵察(~기)
정체	正:体(~가 드러나다)
	停滯(차량~)
정통	正:統(~파 투수)
	精通(국제정세에 ~하다)
제국	帝:國(~주의)
	諸國(유럽~)
제기	祭:器(제사때 쓰는 그릇)
	提起(문제~)
	제기(~차기)

제대	祭:臺(~위의 촛불)
	除隊(만기~)
제도	制:度(교육~)
	製:圖(~연필)
	濟:度(중생~)
	諸島(하와이~)
제악	祭:樂(제향 때 쓰는 아악)
	諸惡(~일소)
제위	帝:位(~에 오르다)
	帝:威(황제의 위엄)
	諸位(여러분)
제왕	帝:王(알렉산더~)
	帝:王(~절개수술)
	諸王(불교에서 저승에 있다는 열 명의 왕)
제자	弟:子(학생은 있으나 ~가 없는 세상)
	諸子(~백가)
	題字(책의 표지 글씨)
제재	制:裁(법으로 ~하다)
	製:材(~소)
	題材(주제의 재료)
제정	制:定(헌법~)
	祭:政(고대사회의 ~일치)
	帝:政(~러시아)
	提呈(신임장을~)
조	趙:(~光祖)
	曹(삼국지의 ~操)

조감	照:鑑(대조하여 보다)
	鳥瞰(~도)
조곡	弔:哭(국군묘지의~)
	組曲(suite, 모음곡)
조력	助:力(~을 얻다)
	潮力(~발전소)
조련	操:鍊(괴롭힘을 당하다)
	調練(~사)
조리	笊:籬(~질)
	條理(~있는 설명)
	調理(몸~)
조문	弔:問(문상)
	條文(헌법의~)
조사	助:詞
	弔:詞(~가 슬프다)
	釣:師(낚시꾼)
	調査(자료~)
	祖師(큰스님)
조서	詔:書(임금의 명령을 적은 문서)
	調書(피의자 진술~)
조선	造:船(울산의 ~소)
	朝鮮(외국에서는 morning calm이라 한다)
조성	造:成(아파트 단지~)
	助:成(분위기~)
	調聲(음악 용어)
	組成(여러 개의 성분으로 짜 맞추다)

조수	助:手(연구~)
	潮水(~干滿의 차)
	鳥獸(새와 짐승)
조작	造:作(~극)
	操作(기계~)
조장	助:長(물질만능 풍조의~)
	組長(조직의 책임자)
	鳥葬(원시시대 장사의 일종)
조조	早:朝(~할인)
	曹操(삼국지의 영웅)
조종	弔:鐘(구슬픈 ~이 울리다)
	操縱(~사, 배후~)
조총	弔:銃(국군묘지에서 쏘는 예총)
	鳥銃(새총)
조회	照:會(신원~)
	朝會(~시간)
주목	注:目(세계의 ~을 받다)
	朱木(~은 살아서 천년 죽어서 천년)
주문	注:文(~판매)
	呪:文(~을 외우다)
	主文(판결~)
주사	注:射(예방~)
	主事(공무원의 계급)
	酒邪(~가 심하다)
주석	註:釋(~을 달다)
	主席(국가~)
	朱錫(~술잔)

주역	註:譯(주를 달고 번역하다)
	主役(~을 맡다)
	周易(경전)
주일	駐:日(~대사)
	週日(지난~)
	主日(~예배)
주자	鑄:字(활자를 만드는 일)
	走者(~2루와 3루)
	朱子(~학)
주재	駐:在(~특파원)
	主宰(회의~)
	主材(이 건물 자재의 ~는 철근과 콘크리트이다)
주조	鑄:造(활자를 주조하다)
	主潮(자연주의가 ~이다)
	酒造(술을 빚다)
줄	줄:(~로 손톱을 다듬다)
	줄:('적:게'의 뜻, ~잡아서…)
	줄(~을 서다, ~을 당기다)
중	중:(스님)
	중(성적이~은 된다)(중간)
	중(한~외교)(중국)
	중(꽃 ~에 꽃)(가운데)
	중(회의~)(도중)
중간	重:刊(국어사전 ~본)
	中間(~고사)
중대	重:大(~성명)
	中隊(보병~)

중량	重:量(~급 헤비급)
	中量(~급 미들급)
중복	重:複(말:의 ~을 피:하다)
	中伏(~더위)
중상	重:傷(~피해자)
	重:商(16세기 유럽의 ~주의)
	中傷(근거 없는 ~모략)
중세	重:稅(~에 허덕이다)
	中世(~시대의 르네상스)
중신	重:臣(정2품 이상의 벼슬아치)
	中신(중매)
중심	重:心(몸의 ~중심을 잃고 쓰러지다)
	中心(~인물)
중용	重:用(뜻밖의 인물이 장관에 ~되다)
	中庸(~사상)
중인	衆:人(뭇사람)
	中人(양반과 평민의 중간 계급)
중점	重:點[쩜](~사업)
	中點[쩜](수학용어)
중지	衆:智(~를 모으다)
	中止(회의~)
	中指(가운데 손가락)
중진	重:鎭(학계의~)
	中進(~국)
	中震(이번 지진은 ~)

중형	重:刑(~을 받다)
	中型(중치의 형, ~차)
	仲兄(둘째 형)
진도	進:度(학습의~)
	震度(~ 8의 강진)
	珍島(~의 해산물)
진상	進:上(~품)
	眞相(사건의~)
진수	進:水(선박의 ~식)
	眞髓(~를 체득하다)
	珍羞(~盛饌)
진언	進:言(윗분에게 의견을 말하다)
	眞言(~옴마니 반메훔)
진주	進:駐(~군)
	眞珠(~목걸이)
진통	鎭:痛(~제)
	陣痛(오랜 ~ 끝에 성공)
차관	借:款(~협정)
	次官(외무~)
차입	借:入(~금)
	差入(구치소에 음식, 의복을 들여보내다)
창	唱:(판소리~의 1인자)
	窓(~가[까])
	창(구두~)
처자	處:子(처:녀)
	妻子(~식)

처형	處:刑(~장)
	妻兄(아내의 언니)
천기	賤:妓(황진이는 ~가 아니다)
	天機(~누설)
천도	遷:都(한양~)
	薦:度(명복을 비는 법식)
	天道(~교)
천명	闡:明(사실을 밝히다)
	天命(~을 따르다)
천연	遷:延(일어나 날짜를 미루다, ~세월)
	天然(~기념물, ~자원)
천인	賤:人(신분이 낮은 사람)
	天人(~공노)
천직	賤:職(낮고 천한 직업)
	天職(오늘날은 공무원이 ~이다)
총론	總:論(~각론)
	叢論(논문을 모은 글)
총신	寵:臣(총애를 받는 신하)
	銃身(총열)
치부	致:富(재물을 모아 부자가 되는 것)
	置:簿(마음속으로 그러하다고 여기는 것)
	置:簿(~책)
	恥部(~를 드러내다)

치하	致:賀(회장님이 사원들의 노고를 ~했다)
	治下(일제~)
타도	打:倒(적을 ~하다)
	他道(~로 전출됨)
타산	打:算(이해~)
	他山(~之石)
타살	打:殺(때려죽이다)
	他殺(~로 추정)
타수	打:數(3~ 1안타)
	舵手(조타수의 준말)
타율	打:率(~ 3할4푼 대의 강타자)
	他律(남의 명령으로 움직임)
타종	打:鐘(보신각 ~)
	他宗(다른 종파)
	他種(다른 종류)
타파	打:破(관습 제도를 깨뜨리다)
	他派(~도 인정하다)
태	態:(옷차림의 ~가 있다)
	胎(~를 태우다)
통독	統:獨(~ 후의 독일)
	通讀(삼국지를 ~하다)
통장	統:長(퇴직한 국장이 ~이 되었다)
	通帳(저금~)
통풍	痛:風(~의 아픔)
	通風(~장치)

파문	破:門(성직자의~)
	波紋(미투 운동의 ~여파)
파상	破:傷(~된 물건)
	波狀(~공격)
파수	破:水(분만 때의 양수)
	把守(~를 서다)
	派收(장날에서 장날까지의 동안)
파장	罷:場(일이 끝날 무렵)
	波長(이 사건의 ~이 의외로 크다)
포구	捕:球(야구 포수의 포구 중요성)
	砲:口(~의 화염)
	浦口(경남하동~)
포대	砲:臺(포탄 발사를 위한 구축물)
	包袋(밀가루 한~)
포도	捕:盜(~대장)
	葡萄(캠벨과 머루~)
포수	捕:手(투수와~)
	砲:手(사냥꾼)
	泡水(아교~)
포진	布:陣(병력~)
	布:陳(물건을 펴서 늘어놓다)
	鋪陳(잔치 때 앉을 자리를 마련하다)
피선	被:選(국회의원에~)
	皮腺(피부선)
하류	下:流(~계급)
	河流(강의 흐름)

하반	下:半(~신)
	下:盤(광맥 등의 아래쪽 암반)
	河畔(강가[까])
하시	下:視(남을 얕잡아 보는 것)
	何時(~라도)
한량	限:量(고맙기 ~없다)
	閑良(놀고먹던 양반 계층)
한식	韓:食(~요리)
	韓:式(~집)
	寒食(~날)
한천	旱:天(몹시 가문 여름하늘)
	寒天(우무묵)
함수	函:數(~관계)
	艦:首(군함의 앞부분)
	含水(~탄소)
항구	港:口(~도시)
	恒久(~的)
해금	解:禁(~령)
	奚琴(국악기의 하나, 깡깡이)
해당	害:党(당원의 ~행위)
	該當(~사항)
해로	海:路(바닷길)
	偕老(백년~)
해소	解:消(스트레스~)
	咳嗽(~병[뼝])
해전	海:戰(이순신 장군의 ~)
	해前(해가 지기 전)

향수	鄕:愁(~에 젖다)		好:守(유격수의~)
	香水(샤넬~)		湖水(바이칼~)
향유	享:有(음미하며 즐기다)	호언	好:言(친절하고 좋은 말)
	香油(향기로운 기름)		豪言(~장담)
현장	現:場(~감독)	호우	好:友(좋은 벗)
	玄奘(당나라의 고승 ~법사)		豪雨(~주의보)
호	號:(정철의 ~는 송강)	호인	好:人(대인관계가 좋은 사람)
	湖(호수)		胡人(만주사람)
	壕(참호)	호적	戶:籍(~등본)
	弧(수학 용어)		胡笛(날라리)
호가	扈:駕(임금의 수레를 좇다)	호주	戶:主(~상속)
	呼価[까](1억~)		豪酒(~가)
호기	好:機(좋은 기회)		濠州(오스트레일리아)
	好:期(좋은 시기)	혼전	混:戰(승패의 예상이 어려운 경기)
	好:奇(~심)		
	豪氣(~를 부리다)		婚前(~에는 캠퍼스 커플)
호남	好:男(풍채 좋은 남자)	화기	火:氣(~엄금)
	湖南(~의 음식문화)		和氣(~애애)
호사	好:事(~家)	화단	畫:壇(화가의 사회)
	好:事(~多魔)		花壇(꽃밭)
	豪奢(명절날 어린이의 ~스러운 옷차림)	화랑	畫:廊(인사동~)
			花郞(~도 정신)
호상	好:喪(100세 장수는~)	화목	火:木(땔나무)
	護:喪(초상일의 총 책임자)		和睦(~한 가정)
	弧狀(활처럼 둥근 모양)	화백	畫:伯(李~)
	湖上(호수 위)		和白(신라시대의 ~제도)
호수	戶:數[쑤](집의 수효)	화법	畫:法[뻡](그림 그리는 법)
	號:數[쑤](山水畵의~)		話法[뻡](아나운서의~)

화병	火:病[뼝](어머니의~)
	花甁(꽃병)
화색	禍:色(재앙의 기색)
	和色(~이 돌다)
화성	火:星(인류의 ~정복)
	和聲(~학)
화식	火:食(~과 생식)
	和食(일본 요리)
화약	火:藥(~고)
	和約(화해한 후의 조약)
화장	火:葬(~문화)
	化粧(엷은~)
화전	火:田(~민)
	花煎(~을 부치다)
화제	畫:題(그림의 제목)
	話題(~가 풍부하다)
화주	貨:主(화물의 주인)
	火:酒(독주)
	花柱(암술대)
환상	幻:想(~의 세계)
	環狀(지하철 2호선은 ~線)
환시	幻:視(시각상의 환각)
	環視(衆人의~)
환영	幻影(이루지 못할 희망이나 이상)
	歡迎(~만찬)
화풍	畫:風(그림을 그리는 경향)
	和風(일본식)

화해	禍:害(재난)
	和解(분쟁 끝에 ~되다)
화형	火:刑(중세 시대의 잔인한 ~제도)
	花形(꽃모양)
화환	禍:患(재앙)
	貨:換(~어음)
	花環(~을 목에 걸다)
환불	換:拂(달러를 원화로~)
	還拂(~조치)
회	膾:(생선~와 육~)
	회(욕망, ~가 동:하다)
회기	會:期(정기~)
	回基(~억)
회의	會:議(간부~)
	懷疑(~에 빠지다)
회장	會:長(동창회~)
	會:場(박람~)
	回裝(~저고리)
회전	會:戰(대규모의 전투)
	悔:悛(뉘우침)
	回轉(~목마)
	回戰(야구의 전반 5~)
회중	會:衆(많이 모인 군중)
	會:中(회의 도중)
	懷中(~시계)
훈장	訓:長(옛날 시골의~)
	勳章(문화~)

ㅎ

3장 올바른 우리말

1

서문

제가 가르치고 있는 학생들에게 종종 물어본다.

"세계에서 가장 아름다운 나라말은 어느 나라의 말입니까?"

그러면 국어를 전공하지 않은 학생인데도 이상하리만치 거의 모두가 프랑스어라고 대답한다.

"프랑스어의 아름다움은 문자언어입니까? 음성언어입니까?"라고 다시 물으면 "음성언어."라고 한다.

우리말의 아름다움도 음성언어에 있으며 프랑스어 못지않게 아름답다. 그러나 우리나라는 건국 이래 제도권 학교교육에서 한 번도 음성언어교육이 실시되지 못하였다.

음성언어는 방송언어와 같은 개념이다. 따라서 방송언어가 국민의 국어교사인 셈이다.

올바른 방송언어가 우리말 바르게 쓰기의 시작이 될 것이다.

2

무더위와 늦더위

"추석 지난 지가 언젠데 아직도 무더위가 이렇게 기승을 부리나?"

이 경우에는 무더위가 아닌 '늦더위'라는 표현이 맞는다.

무더위는 장마 때나 습도가 높은 여름의 찌는 듯한 더위를 말한다. 즉, '물더위'라는 단어에서 'ㄹ' 받침이 탈락한 단어이다.

따라서 "추석 지난 지가 언젠데 아직도 늦더위가 이렇게 기승을 부리나?"라고 해야 한다.

이렇듯 안타깝게도 우리말의 수준은 하향평준화가 되었다.

영어몰입교육으로 국어교육이 소홀해졌기 때문이다.

'영어회화'라는 말은 있지만 '국어회화'라는 말은 들어본 적이 없다.

영어회화에 초급, 중급, 고급회화가 있다면 마땅히 한국어도 그러한 급수가 있어야 할 것이다.

외국어의 수준과 완성도는 국어의 수준과 정비례한다고 한다. 문자언어와 음성언어에 관심을 함께 갖게 된다면 앞으로 우리말에서도 중급 이상의 고급 한국어를 들을 수 있게 될 것이다. 그러한 날을 기원해 보는 바이다.

3

주인공과 장본인

"베이징 올림픽에서 우리에게 첫 금메달을 안겨 주었던 장본인, 유도의 최민호 선수를 초대했습니다."

어느 방송 사회자의 말이다.

이때 장본인이란 말 대신 '주인공'이라고 해야 올바른 표현이다.

장본인은 '나쁜 일을 만든 사람이라는 뜻'이고 반면 주인공은 어떤 일에서 중심이 되거나 주도적 역할을 하는 사람을 뜻한다.

사회의 지도급 인사들과 심지어 문학 작품 속에서도 주인공과 장본인을 혼동해서 쓰는 경우가 많은데 상대방의 잘못 표현된 말 한마디에 의외로 크게 실망하면서 받아들일 때가 있다.

사람의 말은, 보이지 않는 사람의 제2의 얼굴이다.

4

혼동과 혼돈

"아무개 댁의 쌍둥이 형제는 누가 형인지 동생인지 혼돈이 돼서 통 알 수가 없더군."

이때 '혼돈'이란 말 대신 '혼동'이라고 해야 올바른 표현이다.

한때 일본 사람들을 경제동물이라고 한 적이 있는데 요즘 우리나라도 마찬가지가 되었다.

'부동산, 재개발, 아파트' 이러한 단어들이 국민들의 어휘 사용에 큰 비중을 차지하고 있고 심지어는 등산로나 야외 나들이에서도 들리는 말들이다.

"김 형, 우리는 지금 가치관의 '혼동'의 시대에 살고 있네."

이런 상황에서는 가치관의 혼동이 아닌 '가치관의 혼돈'이라고 해야 올바른 표현이다.

혼동은 구별해야 하는 것을 하나로 취급하는 것이며 혼돈은 원래 구약성서 창세기에 나오는 말로, 하늘과 땅이 아직 나누어지지 않은 상태, 즉 사물의 구별이 확실하지 않은 상태를 뜻한다.

우리는 '혼동'과 '혼돈'이라는 말을 '혼동'하기 쉽다.

5

광:주(廣州)와 광주(光州)

"이 형, 김 과장님 고향이 광주야 광주야?"

앞의 광:주는 '넓은 광'에 '고을 주'자로 경기도 광:주를 뜻하고, 뒤의 광주는 '빛 광'자에 '고을 주'로 전라남도 광주를 뜻한다.

장단음은 뜨겁다는 뜻의 'Heat'과 야구에서 안타라는 말의 'Hit'처럼 영어에도 있고 맥주라는 뜻의 '비-루'와 빌딩이라는 뜻의 '비루' 같이 일본어에서도 찾아볼 수 있다.

그러나 한국어에는 '어머니'와 '아들'을 지칭하는 '모:자', 머리에 쓰는 '모자'처럼 모양이 같은 쌍둥이 말이 영어와 일본어에 비해 상대적으로 많다.

이처럼 말의 장단에 따라 그 의미가 달라지는 것이 한국어의 큰 특징이며 매우 중요한 요소라고 할 수 있다.

따라서 우리는 올바른 발음법을 익히고 사용해야 한다.

6

……년 차

"그 회사에 들어간 지 몇 년 차입니까?"

"결혼하신 지 몇 년 차 되십니까?"

우리는 이런 표현을 공공연하게 사용하고 있다.

그러나 "그 회사에 들어간 지 몇 년째입니까?", "결혼하신 지 얼마나 됩니까?"라는 표현이 한결 자연스럽고 품격도 있다.

일본어에서 이 '버금 차(次)'는 문어체이기 때문에 실제 대화에서는 쓰지 않고 구어체인 '눈 목(目)'자를 써서 '메'라고 한다. '3년차 개각', '연차 휴가'에서는 '거부감'이 없다. 어휘는 문장의 환경에 따라 '어감'이 바뀐다는 사실을 밝혀본 글이다.

7

바랍니다 / 바라겠습니다

"뜨거운 박수를 보내 주시기 바라겠습니다."

한 연예오락 프로그램에서의 어느 방송진행자가 십여 년 동안 사용한 멘트다.

이때 "뜨거운 박수를 보내 주시기 바랍니다."라는 표현이 훨씬 자연스럽다.

당장 눈앞에서 바라고 있으면서 "겠"이라는 말을 쓰는 것은 적절하지 않은 데다가 '바라다'는 '겠'을 꺼리는 동사이기 때문이다.

우리는 '평소에 무엇을 희망합니다.'라고 하지 '희망하겠습니다.'라고 하지 않는다.

'바랍니다.'는 이미 굳어진 관용어이다.

현대는 각 분야가 자격증 시대로 운전면허 없이 자동차를 몰면 교통사고가 나듯이 현 한국방송계는 최소한의 방송언어 교육과 훈련을 받지 않은 대부분의 방송인들로 인해 언어의 교통사고를 다반사로 보게 된다.

8

재:수(再修) / 재수(運)

고등학교 3학년 전체 성적에서 수석으로 졸업한 학생이 1차 대학 응시에서 떨어지는 경우가 종종 있다.

이때 올바른 표현을 하려면 장음과 단음의 음가(音價)[까]를 정확하게 지켜야 한다.

"재수가 없으면 재:수하는 수도 있군."

운(運)이라는 뜻의 '재수'는 짧게 발음해야 하고 내년에 대비하여 다시 시험 준비를 하는 '재:수'는 길게 발음해야 한다.

아나운서들은 이러한 장단음을 지키는 능력에 대해 큰 긍지를 갖고 있다.

어느 아나운서 선후배의 사적인 자리 명칭이 재미있다.

'장단음 기능보유자 음주대회'라고 한 적이 있다.

우리 국민 모두 '장단음 기능보유자'가 되시기를 희망해 본다.

9

이 / 이빨

약속시간을 지키지 못한 친구가 늦은 이유를 말한다.

"치과에서 이빨 좀 치료하고 오느라 늦었어."

이때, '이빨' 대신 '이'라고 해야 한다.

"자네 부모님은 연세에 비해 이빨이 좋으신 편이군."

이때는 '치아'라고 해야 품격 있는 표현이다.

'이빨'은 '이' 또는 '치아'의 비속어로 격이 낮고 속된 표현이다.

따라서 개나 호랑이 같은 동물에게나 쓰는 말이다.

그런데 요즘은 일상의 대화에서 교양과 지식이 있는 분들도 심지어는 유명한 치과의사조차도 이빨이라고 할 때가 많다.

사소한 단어의 쓰임 하나도 그 사람의 인격과 품격을 대변하게 된다.

10

우리나라 / 저희 나라

남을 존대하여 높여 쓰는 말을 '존대어'라고 한다.

'말 대신 말씀', '먹다를 잡수시다.', '오다 대신 오시다.' 같은 말이다.

반면 '겸양어' 또는 '겸사말'이라고 하는 것은, 자기를 한 단계 낮추어 상대를 높이는 것으로 이 또한 높임말의 한 가지이다.

그런데 '우리나라'를 '저희 나라'라고 쓰는 사람이 의외로 많다.

'저희 나라'라고 하면 전 국민을 낮추게 할 뿐 아니라 국가와 국가는 대등한 존재이기 때문에 낮추어 말할 수가 없는 것이다.

과거 조선시대의 사신이 중국 황제에게나 쓸 수밖에 없었던 표현이다.

따라서 '저희 나라'가 아니라 '우리나라'이다.

11

다르다 / 틀리다

한 친구의 얘기가 끝났을 때 다른 친구가 "나는 너와 의견이 틀리다."라고 말하는 경우가 흔히 있다.

그러나 이때는 "나는 너와 의견이 다르다."라고 해야 올바른 표현이다.

'다르다'는 이처럼 '같지 않다.'는 뜻 외에도 '생각이 예사롭지 않다.'라는 뜻도 있어 "그 학생은 성적 뿐 아니라 언행이 다르다."라고 쓸 수 있다.

'틀리다'는 세 가지의 뜻이 있다.

첫째, '계산이 틀리다.'처럼 '맞지 않다.'는 뜻 외에도

둘째, '두 사람 사이의 감정이 나빠지다.'

셋째는 '일이 순조롭지 않고 어그러지다.'라는 의미도 있다.

즉, "나는 너와 의견이 틀리다."라는 표현은 틀린 것이고 '다르다와 틀리다'의 의미는 다른 것이다.

12

시간(時間)과 시각(時刻)

"내일 기차 시간이 몇 시라고 했지?"라고 한다면 정확한 표현이 아니다.

"내일 기차 시각이 몇 시라고 했지?"라고 해야 한다.

'시간'은 '시각'과 '시각' 사이로 '출근시간'이란 용어의 경우 아침 '몇 시부터 몇 시까지'의 시간을 포함하고 있는 것이다.

이밖에도 '시간이 많이 걸렸다.', '수업시간', '독서할 시간이 없다.'와 같이 쓸 수 있다.

'시각'은 '시간'의 정확한 시점으로 'KTX 출발 시각표'에서 '기차 출발시간이 9시'라고 한다면 '9시 정각'이 아닌 '9시 1분'에 출발해도 된다는 뜻이 될 수 있기 때문에 '기차 출발 시각은 9시'라고 해야 정확한 표현이다.

이렇듯 자칫 혼동할 수 있는 '시간'과 '시각'이라는 단어를 각 상황에 알맞게 사용해야 할 것이다.

13

※ 姓氏에서 중국은 曹
한국은 曺로 씀

성:의 장단음
정:(鄭/丁), 변:(卞/邊), 유(柳:), 유(劉/俞), 조(趙:/曹/曺)

우리나라의 성씨 중에 '나라 정:(鄭)'과 '고무레 정(丁)' 씨(氏)를 한글로 쓰면 똑같은 '정'이다.

이럴 때 우리는 흔히 '한글 종씨(宗氏)'라고 친밀감을 나타내기도 한다.

또 '내가 그 약속을 지키지 않으면 성:(姓)을 갈겠네.'에서도 보듯이 우리민족은 전통적으로 성:씨(姓氏)에 대한 존엄성이 대단했다.

성:(姓)을 말할 때 한자에 따라 장단음이 달라진다.

예를 들면, '나라 정:(鄭)'은 길게 '고무레 정(丁)' 씨(氏)는 짧게.

'법 변:(卞)'은 길게 '가장자리 변(邊)' 씨는 짧게.

그리고 '버들 유:(柳)'는 길게 삼국지 '유비의 묘금도 유(劉)'와 '더욱 유(俞)'는 짧게 말을 해야 한다.

따라서 고려의 충신 정:몽주(鄭夢周)는 '정몽주'가 아닌 '정:몽주', 조선의 실학자인 다산 정약용(丁若鏞)은 '정:약용'이 아닌 '정약용'으로 발음한다.

이렇듯 말의 발음은 사람 사이의 약속으로 장단음을 통해서 성:씨(姓氏)를 구분하여 전달해야 한다.

14

강추위

"이번 겨울에는 강추위가 없는 편이다."

이런 경우엔 반드시 강추위가 아닐 수도 있다.

강추위를 흔히 한자의 '굳셀 강(强)'이 접두사로 시작되는 '강(強)추위'로 잘못 알고 계신 분이 많다. 접두사 '강'은 네 가지의 의미를 가지고 있는데, '억지, 호되다, 부자연스럽다. 그것만이다(only)'라는 뜻이 있다.

따라서 '억지로 다짐하는 강다짐', '호된 강추위', 과거 초상집에서 '부자연스럽게 우는 강울음'과 '어리광을 부리는 아이의 강울음', '안주 없이 소주만 마시는 강소주' 등이다. '강된장'은 된장 위주의 양념 된장을 뜻한다.

'강추위'의 정확한 뜻은 바람도 불지 않고 눈도 내리지 않는 몹시 매운 추위를 말한다.

따라서 때에 따라서 '강추위' 대신 '소한 추위', '입춘 추위'라고 하여 어휘를 풍부하게 하는 것은 바람직하다.

15

삼가다 / 삼가하다, 개다 / 개이다

"이곳에서는 담배를 삼가해 주시기 바랍니다." 또는 "큰소리를 삼가해 주시기 바랍니다."라고 할 때가 있다.

보통 우리말에서 동사의 어미에 '좋아하다', '열심히 하다'처럼 '하다'가 오기 때문에 '삼가하다'로 착각하기 쉽다.

그러나 기본형은 '삼가하다'가 아니라 '삼가다'이다.

따라서 '큰소리를 삼가주시기 바랍니다.'이다.

일기예보에서 "내일은 전국적으로 개이겠습니다."라고 할 때가 있다.

그러나 이때도 기본형은 '개이다'가 아니라 '개:다'이다.

따라서 "내일은 전국적으로 개:겠습니다."라고 해야 올바른 표현이다.

다소 까다로운 동사의 기본형 '삼가하다'가 아닌 '삼가다', '개이다'가 아닌 '개:다'를 유념해서 사용해야 할 것이다.

16

세:집 / 새:집 / 새집

어머니 친구에게 전화가 걸려온다.

"어머니 집에 계:세요?"

아들이 전하를 받는다.

"어머니 개:모임에 가셨는데요."

어머니는 친구들과의 친목모임인 '계:모임'에 가셨지 동물을 가리키는 개:모임에 간 것이 아니다.

우리말은 이처럼 장단음과 함께, 발음상으로 [ㅔ]와 [ㅐ]를 구별해 발음함으로써, 낱말이 두 배 이상으로 많아지게 된다.

세:채의 집은 [세:집]이고 날짐승인 새:가 사:는 집은 [새:집]이며 새로 지은 집은 [새집]이다.

우리말에서 모음 [ㅔ], [ㅐ]의 발음에 따라 그 의미가 달라지기 때문에 주의해서 발음해야할 것이다.

17

곤색과 감색, 진청색, 진남색

"앞으로 학생들 교복의 하의는 곤색으로 한다."는 방송을 듣고 무척 놀란 적이 있다.

왜냐하면 이미 1960년대 여러 국어심의회의에서 '감색(紺色)'으로 고친 말이기 때문이다.

곤색(紺色)은 [감색]의 일본식 발음으로, 한자로는 실:사(糸) 변에 달 감(甘)을 쓴다.

그런데 제가 KBS 한국어 연구회에서 일할 때 [감색]하면 [주황색]이 연상되어 짙은 청색과 짙은 남색이란 뜻으로 [감색]과 함께 [진청색]과 [진남색]을 추가한 적이 있다.

우리가 자주 생활에서 보게 되는 색깔 [곤색]은 [감색] 또는 [진청색/진남색]이라고 해야 하겠다.

18

외래어의 표기와 발음

"여행은 버스보다는 기차가 훨씬 더 편하고 안전하다."

이때 외래어인 [버스]를 표기대로 읽으면 부자연스럽고 어색하다.

현행 이래어는 표기법만 있고 발음법이 없다.

따라서 표기대로 읽어야 한다는 구속력도 없는 셈이다.

현 외래어는 건물에서 겉모양인 외장만 있고 내장, 인테리어가 안 된 부실공사 같다.

현재 KBS 한국어 연구회에서는 외래어를 표기와 달리 된소리로 읽는 것을 허용하고 있으며 저의 저서에서도 외래어 표제어의 발음을 경음(硬音)으로 하였다.

앞으로는 '가스, 버스, 달러, 스포츠 센터, 서비스, 축구의 골대, 백화점의 세일, 사인, 국회의원의 금배지'를 "까스, 뻐쓰, 딸러, 스포쓰 쎈터, 써비쓰, 축구의 꼴대, 백화점의 쎄일, 도장 대신 쓰는 싸인, 국회의의원의 금빼지"라고 발음해도 무방하다 하겠다.

국립국어원에서 최근 경음화된 현실음을 감안하여 '자장면/짜장면'의 복수 표준어를 허용한 점은 좋은 전거(典據)라 하겠다.

19

오:뉴월과 5월 또는 6월

"한국은행에서는 앞면에 신사임당의 초상화와 그분의 작품인 포도그림이 새겨진 5만 원짜리 지폐를 오:뉴월에 발행한다고 한다."

이때 오:뉴월은 5월 또는 6월이라고 해야 옳은 표현이다.

국어사전엔 오뉴월이 5월과 6월(유월)로 풀이가 되어 있으나 이때의 5월, 6월(유월)은 음력이기 때문에 양력으로 삼복더위가 극성인 6월과 7월을 뜻한다.

따라서 오:뉴월은 "1·2월, 2·3월, 3·4월, 4·5월, 5·6월, 6·7월, 7·8월, 8·9월, 9·10월"처럼 어느 달을 뜻하는 말이 아니라 [오:뉴월 땡볕], [오:뉴월 긴긴해]처럼 더위가 한창 심한 때를 이르는 말이다.

한편 6월(유:월)과 시월(10:월)을 일부 지역에서는 '육월', '십월'로 잘못 발음하고 있지만 [유:월]과 [시:월]이 올바른 발음이다. 또한 일반 국어사전에는 단음인 [유월/시월]로 잘못되어있다. 그러나 두 낱말에는 모음 충돌 현상(Hiatus)을 피하기 위해 각각 매개(媒介)모음「ㅜ/ㅣ」이 들어가 장음이 된다. 필자의 표준 한국어 발음사전(공저)의 표제어에는 장음으로 올렸다.

20

감사해요 / 감사합니다

붐비는 버스 안에서 여학생이 무거운 책가방을 들고 있었다.

어느 중년 아저씨가 가방을 들어줬더니 여학생의 답례, "아저씨 감사해요."

순간 중년 아저씨는 그 여학생의 무례함에 기분이 언짢았다.

여학생은 중년에게 "아저씨 감사합니다."라고 했어야 한다.

내가 사는 동네에서 어떤 청년이 "아저씨 구청장기 대회가 열리는 운동장이 어느 쪽이죠?"라고 물었다.

이때는 "구청장기 대회가 열리는 운동장이 어느 쪽입니까?"라고 해야 예의에 맞는 말이다.

'감사하다'는 기본형이면서 같은 또래가 할 수 있는 [기본형]이다.

그리고 '감사해요'는 반말은 아니지만 [두루 높임말]이며 [아주높임말/극존칭]은 "감사합니다"이다.

종결어미의 '요와 죠'는 [두루 높임말]이며 '~ 습니다'는 [극존칭]이다.

그리고 의문문의 [극존칭]은 '~까'이다.

상황에 맞는 높임말 사용은 상대방을 존중하는 예의이다.

21

산세(山勢) / 산새 [쌔] / 산:새

"세계의 대도시인 워싱턴이나 뉴욕, 파리, 동경의 근교에는 큰 산이 없다. 그러나 서울에는 북한산을 비롯해 남산, 관악산, 불암산이 있다는 것은 서울 시민의 축복이다. 특히 북한산은 산세(山勢)가 수려한 명산이다."

이때 북한산은 산의 형세인 "산세가 수려한 명산입니다."라고 해야 한다.

그리고 "산새[쌔]"하면 '산에 사는 새'라는 뜻이며 '산'을 장음으로 "산:새"라고 발음하면 '살아있는 새'를 말한다.

우리는 이처럼 모음에서 '[ㅔ]와 [ㅐ]', '예사소리'와 '된소리', 그리고 장단음을 가려서 말하는 습관을 길러야 하겠다.

22
내로라와 내노라

"자네는 발이 넓은 사람이라 역시 다르더군. 지난번 결혼식에 정계, 경제계, 학계 심지어는 방송계까지 내노라하는 저명 유명 인사들이 많이 오셨디군."

이때 '내노라'가 아니라 '내로라'라고 해야 한다.

'내로라'는 '나이로다'하고 자신 있게 말한다는 뜻이다.

그런데 우리는 무엇을 '내놓다' 또는 '내놓을 만하다.'하는 말을 연상하면서 '내누라하는 사람'이라는 말을 주로 쓰고 있다.

'내노라하는 사람'이 아니라 '내로라하는 사람'이다.

작은 언어의 규범을 지킨다는 사실은 선진국의 국민이 되는 조건이기도 한 것이다.

23

우리말인줄 알고 쓰는 일본말

"지난번에 입사한 신입사원들 역시 젊으니까 일처리가 빠리빠리하더군."

'빠리빠리'는 일본말로 우리말로는 '민첩하다, 바지런하다'이다.

아이의 손을 잡고 가던 어머니가 "아니 얘가 웬 뗑깡이야." 하고 야단을 친다.

이때의 '뗑깡' 역시 일본말로 우리말로는 '간질병' 또는 '지랄병'으로 과거에는 무서운 병 가운데 하나였다. 요즈음에는 순화된 말인 뇌전증(腦電症)을 쓰고 있다.

이 밖에도 우리말인 줄 알고 잘못 쓰는 일본어 '유도리'는 '여유, 여분', '단도리'는 '채비,준비', '무대뽀'는 '막된 사람, 천둥벌거숭이', '아싸리'는 '깨끗이, 깨끗하게', 생선 '아지'는 '전갱이'이다.

무분별하게 혼용되고 있는 우리말과 일본말, 제대로 알고 사용해야겠다.

24

모사(模寫)와 묘사(描寫)

어느 특정 가수의 노래를 똑같이 부르는 모창가수가 있다.

그리고 정치인이 연설하는 말투를 흉내 내는 사람도 있다.

이때 흔히들 아무개 정치인이 목소리 '성대묘사'를 잘한다고 한다.

그러나 '성대묘사'가 아니라 '성대모사'라고 해야 한다.

묘사는 어떤 대상을 있는 그대로 서술하거나 그리는 것이다.

예를 들면 작가는 소설에서 주인공의 '심리묘사/성격묘사'를 잘해야 좋은 작품으로 평가받을 수 있다.

모사는 '그대로 그리는 것' 또는 '그대로 그린 그림'을 뜻한다.

따라서 '성대묘사'가 아니라 '성대모사'가 올바른 표현이다.

25

문과[과]와 문과[꽈] / 불법[법]과 불법[뻡]

옛날 우리나라에서 관리를 뽑을 때 과거라는 시험제도가 있었다.

고려 광종 때 본격화되었으며 조선시대에는 그 중요성이 더욱 커져 모든 관리는 과거에 합격해야만 등용될 수 있었다.

문관을 뽑던 과거시험을 '문과', 무관을 뽑던 시험을 '무:과'라 했다.

이때, '글월 문(文), 과목 과(科)'의 과거시험 '문과'는 [문과]로 읽어야한다.

하지만 같은 표기의 [문과]가 대학학제를 뜻할 때는 [문꽈대학]이라고 발음해야 한다.

같은 표기인 [불법]의 경우는 '법이 아닌 불법(不法)'과 '부처님의 가르침인 불법(佛法)의 경우 모두 예사소리/평음(平音)인 [불법]으로 발음해야 한다.

우리말은 이처럼 '예사소리와 된소리'에 의해 분화되기도 한다.

'법이 아니다.'는 뜻의 '불법(不法)'을 [불뻡]으로 읽으면 [불법]이다, 불법(佛法)을 [불법]으로 발음하는 이유는 우선「불(佛, 부처님)」과 「법(法, 진리)」은 각각 뜻이 있는 실사(實辭)이므로 두 말을 살려서 읽기 때문에 '부처님의 말씀' 즉, 「불법」으로 읽게 되는 것이다. 또한 불교 용어는 「사파(娑婆)→사바/보제수(菩提樹)→보리수」처럼 부드러운 발음이 전통으로 내려오고 있다.

26

연음(連音) 꽃을[꼬츨] / 흙을[흘글]

"꽃을[꼬슬] 싫어하는 사람도 있을까?"

이 글에서 [꼬슬]이 아닌 [꼬츨]이라고 발음해야 한다.

[꼬슬]은 서울의 사투리이다.

우리나라의 계몽소설 가운데 대표작으로 춘원 이광수의 '흙'을[흘글] 들 수 있다.

이때는 [흐글]이 아니라 [흘글]이 맞는다.

그러나 흙의 표면을 가리키는 '흙 위'는 [흘귀]가 아니라 [흐귀]이다.

앞의 경우는 뜻이 있는 실사(實辭)인 '흙' 다음에 뜻이 없는 허사(虛辭)인 '을'이 이어졌으나 뒤의 경우는 실사 '흙' 다음에 실사 '위'가 연이어져 두 낱말을 모두 발음해야 되는 절음법칙(絕音法則)이 적용되어 [흐귀]가 되는 것이다.

27

'의'의 세 가지 발음 [의/이/에]

"과장님 [회:의]에 들어가셨습니다."

이때는 [회:의]보다는 [회:이]가 자연스럽게 들린다.

"요즘은 각계각층의 인사들이 자기의 고장에 관심을 보이기 시작했습니다."

이 경우는 [자기에 고장]이 듣기에 편하다.

현 표준발음법에는 원래 의를 [의]라고 발음하는 것이 원칙이다.

하지만 글자의 위치에 따라 발음의 변화를 허용하고 있다.

'의'가 첫 음절에 오면 [의사], [의견]처럼 [의]로 발음하고, 둘째 음절 아래에서는 상의(上衣)[상:의/상:이], 하의(下衣)[하:이/하:이], 소유격일 때는 나의 고향[나의/나에 고향]처럼 [의/이], [의/에]의 복수발음을 허용하고 있다.

'민주주의의 의의'를 표기대로 읽으면 부자연스럽고 [민주주이에 의이]로 발음해야 세련되고 자연스럽다.

영어, 프랑스어는 표기와 발음이 일치하지 않는 언어이며 독일어와 이태리어, 스페인어, 포르투칼어는 표기대로 읽을 수 있다. 그러나 한국어는 약 40%가량의 어휘가 표기와 발음이 일치하지 않는 언어이므로 발음교육이 필요한 것이다.

28

치과 / 내과 / 외과 / 초점 / 허점의 발음

"병원 가는 것을 좋아하는 사람은 없겠지만 나는 특히 치과 가는 것 아주 질색이야."

이때 문장에는 '치과'라고 표기돼 있지만 [칟꽈]라고 발음해야 한다.

1989년 3월 1일 한글맞춤법과 표준어가 일부 바뀌었을 때, 순 한자어로 된 낱말은 이음절에서 된소리가 난다 할지라도 첫 음절 종성에 자음 'ㅅ'을 받쳐 쓰지 않기로 규정하였다.

따라서 [칟꽈/낻:꽈/왿:꽈/촏쩜/헏쩜] 등의 단어는 표기와는 다르게 발음해야 한다.

단, [셋방/숫자/횟수/찻간/곳간/툇간] 6개의 낱말은 예외이다.

29

복수 표준어 넝쿨 / 덩굴

"담장에 무리지어 핀 장미덩쿨은 역시 꽃의 여왕답다."

이때 '장미덩쿨'은 비표준어로, '장미넝쿨' 또는 '장미덩굴'이라고 해야 한다.

이렇듯 동일한 뜻을 가진 두 개의 단어를 모두 인정하는 복수표준어가 우리 주변에 많이 있다.

예를 들면 '동녘에/동쪽에', '땅콩/호콩', '마파람/앞바람', '모내:다/모심:다', '바른쪽/오른쪽', '벌레/버러지', '보조개/볼우물', '신/신발', '소고기/쇠:고기', '옥수수/강냉이', '우레/천둥', '아는 척/아는 체' 등이다. 단 '쇠:고기'는 장음이다. '도야지→돼:지', '하였다→했다[핻:따]'처럼 어휘가 축약되면 장음이 되므로 '쇠:고기'는 '소의 고기'의 준말이기 때문이다.

30

납량(納凉)[나방]이냐 [남냥]이냐

한글 맞춤법은 '하늘'과 '바다'처럼 소리 나는 문자로 적은 경우에는 쓰인 대로 읽는다.

그러나 거리(距離)를 나타내는 [심니]와 [뱅니]는 소리 나는 대로 적지 않고 [십리]와 [백리]로 표기한다.

이처럼 어법에 맞는 말 중 약 40%가량은 표기와 달리 읽게 된다.

한때 [곤난]이라고 표기된 말을 읽기가 [골란]한 적이 있었다. 지금은 표음주의(表音主義)에 따라 [곤란]으로 표기가 바뀌었다.

'곤난'이라고 썼어도 [골란]으로 읽을 수 있었듯이 각 방송국에서 여름철에 편성하는 '납량특집방송'의 '납량'의 발음도 [남냥]이 아니라 [나뱡]이라고 해야 한다. '납량'은 '십리[심니]', '백리[뱅니]'처럼 소리 나는 '나뱡'으로 적지 않은 형태주의/표의(表意)주의의 낱말이기 때문이다.

31

알맹이 / 알갱이, 조개 / 조가비, 홀몸 / 홑몸

우리말에는 모양이 비슷하지만 뜻이 다른 말이 있다.

그 가운데 '알맹이'는 '호두 알맹이'처럼 물건의 껍질을 벗기고 남은 속이란 뜻이고, '알맹이 없는 이야기'와 같이 '핵심'이라는 뜻이기도 하다.

알갱이는 열매나 곡식 따위의 낟알, 또는 작고 동그랗고 단단한 물질을 가리킨다.

'조가비'는 '조개'의 방언이지만 조개의 껍데기라는 뜻으로 장식용 수공예품의 재료가 된다.

또한 '홀몸'은 배우자나 형제가 없는 외로운 사람이며 '호'에다 받침 'ㅌ'을 붙인 '홑몸'은 '임신을 하지 않은 몸'을 뜻한다.

그리고 '노름'은 '노름꾼'의 예처럼 도박을 뜻하며, '노'에다 'ㄹ' 받침을 한 '놀음'은 '북청사자놀음'처럼 여럿이 모여 노는 일을 말한다.

32

–관용구– 안절부절 못하다

"시험을 잘 봤다면서 뭐 그렇게 안절부절하나."

이때, '안절부절하다.'란 표현은 잘못되었다.

이는 '속이 타다.'처럼 둘 이상의 단어가 결합하여 뜻을 나타내는 일종의 관용구로 '안절부절하다.'가 아닌 '안절부절 못하다.'로 해야 올바른 표현이다.

따라서 "시험을 잘 봤다면서 왜 그렇게 안절부절 못하나." 혹은, "시험을 잘 봤다면서 안절부절 어쩔 줄 모르냐."라고 해야 한다. 이와 같은 관용구로 "좋지 않다."가 있는데, "안 좋다." 보다는 훨씬 품위가 있다.

"안 좋다."라는 표현은 좋지 않다.

이런 경우에 쓰이는 '아'해서 다르고 '어'해서 다르다는 슬기로운 우리나라의 속담이 있다.

33

불법(不法) / 잠자리

"여기에다 차를 세우시면 불법[뻡]주차입니다."

이 경우, 불법[뻡]이 아닌 불법[법]이라고 해야 '표준발음'이다.

같은 표기인 '잠자리'를 [잠짜리]로 읽으면 '잠을 자는 자리'란 뜻이며 [잠자리]라고 읽으면 고추잠자리처럼 '곤충'의 뜻이 된다.

불법을 [불뻡]으로 읽으면 표준발음법에 어긋나는 [불법]이다. 최근 국어 관계기관에서 된소리 복수발음 허용의 경향이 있는데 이는 국어발음의 특성상 신중해야 한다.

34
부인(夫人)과 안사[싸]람

어떤 자리에서 자신의 아내를 다른 사람에게 소개할 때 "이 사람이 제 부인입니다."라고 할 때가 있다.

그러나 이때 "이 사람이 제 아내 또는 안[싸]람입니다."라고 해야 한다.

하지만 선배가 후배의 아내를 만났을 때 "이분은 자네 아내이신가?" 또는 "자네의 안[싸]람이신가?"라고 하면 예의에 어긋난다.

자신의 아내를 가리킬 때는 '아내 또는 안[싸]람'이라고 해야 하며 다른 사람의 아내를 지칭할 때는 '부인'이라고 해야 올바른 표현이다.

35

댓:글 / 답글 / 덧글

인터넷에 올라 있는 글에 간단하게 글을 달 때 댓:글/답글 또는 덧글을 단다고 하는데 모두 맞는 말이다.

2004년 국립국어원의 우리말 다듬기 사이트에서 공모한 결과 '댓:글'이 선정되었다.

그러나 2008년 표준 국어대사전을 개정할 때 '답글'과 '덧글'이 추가되었다.

이처럼 '댓:글/답글/덧글'을 일종의 복수표준어처럼 모두 쓸 수 있으나 '댓:글'은 장음으로 발음해야 한다.

왜냐하면 '댓:글'은 대:다에서 파생된 낱말이기 때문이다.

성숙한 댓:글 문화는 타인에 대한 작은 배려이며 건강한 인터넷문화의 시작이다.

36
갈치잠 / 새우잠 / 말뚝잠 / 나비잠

여름휴가 때 비용을 절약하기 위해서 좁은 방에 여러 명이 들어가 끼어 자는 경우가 있다. 이때 대각선으로 끼어서 자는 잠을 '갈치잠'이라고 한다.

이 외에도 잠을 표현하는 다양한 순우리말이 있다.

새우처럼 등을 구부리고 불편하게 자는 잠을 '새우잠', 말뚝같이 꼿꼿하게 앉은 채로 자는 잠을 '말뚝잠', 옷을 입은 채 아무것도 덮지 않고 아무 데나 쓰러져 자는 잠은 '등걸잠'이라고 한다.

그리고 갓난아이들이 두 팔을 머리 위로 벌리고 잘 때가 있는데 이런 잠은 '나비잠'이라고 한다.

이처럼 쉽고 재미있는 우리말이 더 널리 사용되면 좋겠다.

37

한참 / 한창

연세가 드신 어르신들이 젊은 사람을 보고 "한참 좋을 때군! 나도 저런 시절이 있었지." 하고 말할 때는 '한참'이 아니라 '한창'이라고 해야 한다.

'한참'은 시간이 꽤 지나간 동안을 뜻하는 말로, 약속장소에 늦게 도착한 사람이 "죄송합니다. 차가 밀려서 늦었습니다. 한참 기다리셨죠?"와 같이 쓰인다.

'한창'은 어떤 상태가 절정에 있거나, 가장 무르익은 때나 모양을 뜻한다.

즉, "여름 삼복같이 한창 더울 때는 심한 운동을 삼가야 한다."와 같이 쓰인다.

따라서, '한참'과 '한창'을 혼동해서는 안된다.

38

김치소 / 김치속, 송편소 / 송편속, 만두소 / 만두속

김치를 담그거나 송편과 만두를 빚을 때 익히기 전에 속에 여러 가지 재료를 넣는다.

김치에는 배춧잎에 무채와 버무린 양념을 넣고 송편에는 콩, 팥, 깨 만두에는 고기, 두부, 야채 등을 넣는다.

우리는 흔히 속에 넣는 재료를 '속'이라고 하는데 '소'가 맞는다.

따라서 '김치속'이 아니라 '김치소', '송편소', '만두소'라고 해야 한다. 또한 '김치를 담는다'가 아니라 '김치를 담근다', '담궈 먹는다'가 아닌 '담가 먹는다'가 표준어이다.

39

상품(商品)과 상:품(上品)

가게에서 손님이 물건을 고를 때 '이 상품(商品) 가운데 상:품(上品)은 없습니까.'라고 할 때 '상:품(上品)'을 짧게 하면 틀린 발음이다.

파는 물건을 뜻하는 상품(商品)은 짧게, 품질이 좋은 물건은 상:품(上品)이라고 길게 발음해야 한다.

따라서 "이 상품(商品) 가운데 상:품(上品)은 없습니까."라고 해야 한다. 물론 품질이 중길[낄]인 중품(中品)도 있고 가장 품질이 낮은 하:품(下品)도 있다.

'졸리거나 고단할 때 절로 입이 벌어지면서 나오는 깊은 호흡'이란 뜻의 단음의 '하품'과 달리 하:품(下品)은 장음이다.

이처럼 우리말의 제일 큰 특징은 '의미의 변별력'을 주는 장단음이다.

40

공권력[공꿘녁]인가 [공꿜력]인가?

시위 현장에서 문제가 잘 해결되지 않고 사태가 심각해지면 경찰력이 투입되는 일이 가끔 있다.

이때 방송에서는 [공꿘녀이 발동된다]라고도 하고 또는 [공꿜려이 발동된다]라고도 한다.

우리말에는 "밥을 먹었다."에서 '밥', '먹'과 같이 뜻이 있는 말인 실사(實辭)와 '을', '었다'처럼 뜻이 없이 문법적 관계를 나타내는 허사(虛辭)가 있다.

공권의 힘을 가리키는 공권력은 실사인 공권(公權)과 실사인 력(力)이 합해진 합성어이므로 두 실사를 발음해야 하기 때문에 [공꿘녁]이 되는데 이를 절음법칙(絕音法則)이라 한다.

41

문외한 / 무뢰한

"나는 그 방면에 무뢰한입니다."라는 대화 내용을 자주 듣는다.

이 경우 "나는 그 방면에 문외한입니다."가 맞는 말이다.

'무뢰한'은 '일정한 직업이 없이 돌아다니며 불량한 짓을 하는 사람'이란 뜻이고 '문외한'은 '어떤 일에 전문가가 아닌 사람'이다.

얼핏 보면 비슷해 보이지만 전혀 다른 뜻을 가진 두 단어를 올바르게 알고 사용해야 할 것이다.

42

일체와 일절

"이번 야유회는 회사에서 경비일절을 부담한다고 하지?" 또는 "중환자실에 있기 때문에 면회가 일체 안 된다고 합니다."

이 두 문장에서 '일절', '일체'라는 단어의 쓰임은 잘못된 것이다.

일체는 '모든 것'이란 뜻이며 일절은 '아주, 전혀, 절대로'의 뜻으로, 사물을 부인하거나 금지할 때 쓰는 부사이다.

따라서 "이번 야유회는 회사에서 경비일체를 부담한다고 하지?" 그리고 "중환자실에 있기 때문에 면회가 일절 안 된다고 합니다."라고 해야 한다.

43

오뚝이와 오뚜기

"이웃집 박 회장님은 여러 차례의 역경을 잘도 헤쳐 나온 오뚝이 인생을 산 분이야."

이 문장에서 소리 나는 대로 '오뚜기'라고 적으면 틀리고 '오뚝이' 즉, 두 번째 음절 '뚜'에 'ㄱ' 받침을 해야 한다.

한글 맞춤법을 보면 "동사 '하다'나 '거리다'가 붙는 어근에 조사 '이'가 붙어서 명사가 된 것은 그 단어의 원형을 밝혀 적는다."라고 되어있다.

따라서 '홀쭉하다'는 홀쭉이, '꿀꿀거리다'는 꿀꿀이, '배불뚝하다'는 배불뚝이와 같이 표기해야 한다.

44

금기어 '꼬마'

어린이 공개 방송의 사회자가 "아주 귀엽게 생긴 꼬마 어린이가 무대 위로 올라오고 있습니다."라고 말하는 경우를 볼 수 있다.

이런 경우, "아주 귀엽게 생긴 어린이가 무대 위로 올라오고 있습니다."라고 하는 것이 옳다.

꼬마의 뜻은 두 가지로 첫째는 '조그마한 사물을 귀엽게 이르는 말', 둘째는 '키가 작은 나이 어린 사람을 귀엽게 이르는 말'이다.

두 번째 해석으로 '꼬마'라는 말은 잘못 쓴 말이 아니지만 현실적으로 사람에게 적용할 땐 거부감이 생길 수 있다.

그러나 '장난감 꼬마 자동차', 또는 크리스마스 트리에 매다는 '꼬마 전구'란 말은 자연스럽다.

한때 방송에서 사람을 표현할 때 '절대 금기어'였던 '꼬마'라는 단어는 지금도 유효하다 하겠다.

45

단도리

회장이 아랫사람에게 지시를 한다.

“김 국장, 이번 국제 행사에는 특히 외국의 귀빈들이 많이 오시기 때문에 식순의 ‘단도리’를 철저히 해야 합니다.”

이때, ‘단도리’는 일본어의 ‘일의 순서’, ‘일의 절차’라는 뜻이다.

우리가 일상생활에서 무의식적으로 쓰는 ‘단도리’는 우리말로는 ‘채비’ 또는 ‘사전 준비’라는 뜻이다.

따라서 “김 국장, 이번 국제 행사에서는 특히 외국의 귀빈들이 많이 오시기 때문에 식순의 사전준비를 철저히 해야 합니다.”라고 해야 한다.

46

표지(標識)와 표식(標識)

한밤중에 초행길을 가게 된 운전자가 답답해하면서 옆 사람에게 말한다.

"너무 깜깜하니까 운전하랴 '표식판' 보랴 힘드네. 나는 운전만 열심히 할 테니 자네가 '표식판'을 좀 잘 봐줘."

이때, '표식'이라는 말은 '표시할 표'에 '알 식'이라는 한자이다. 따라서 '표식'이라고 발음하는 것으로 혼동하기 쉽다.

그러나 '알 식'이라는 한자는 '알다'라는 뜻 외에도 '기록하다/ 나타내다'라는 뜻이 있는데 이런 뜻으로 쓰일 경우 발음도 달라져 '지'라고 읽어야 한다.

'표지'의 뜻은 다른 것과 구별하거나 어떤 것을 알려주기 위한 표시이다.

따라서 "너무 깜깜하니까 운전하랴 '표지판' 보랴 힘드네. 나는 운전만 열심히 할 테니 자네가 '교통 표지판'을 좀 잘 봐줘."라고 해야 한다.

47

막역(莫逆) / 막연(漠然)하다

"이번에 입사한 신입사원 김동기 씨는 저하고는 초, 중, 고등학교 동창으로 아주 막연한 사이입니다."

이때 '막연하다'는 어떠한 내용이 갈피를 잡을 수 없어 어렴풋하다는 뜻으로, 이 문장에서는 맞지 않은 표현이다.

두 사람 사이가 허물없이 썩 친하다는 뜻의 '막역지우'라는 말이 있다.

여기서 나온 말인 '막역하다'라는 표현을 써야 한다.

따라서 이 문장에서 "이번에 입사한 신입사원 김동기씨는 저하고는 초, 중, 고등학교 동창으로 아주 막역한 사이입니다."라고 해야 한다.

48

말, 언어는 제2의 얼굴

흔히 일제시대에는 우리의 말과 글이 없던 시대라고 한다. 그러나 지금은 '한국어'라는 글만 있고 '말 같은 말'을 찾아보기 힘들게 되었다.

상징적으로 표현한다면 '전격(賤格)의 방자, 향단이의 발부는 있으나 품격 있는 이 도령, 춘향이의 말씨'는 듣기 힘든 사회가 되었다.

대화에서 가장 중요한 것은 상대방의 말을 귀담아 듣는 것 외에도 품격 있는 말씨와 언어 사용이라 하겠다.

'언어는 제2의 얼굴'이라는 말이 있듯이 '얼굴 치장'처럼 '말 치장'에도 관심을 가져야 하겠다.

ㅎ

4장
발음 이야기

하늘, 땅, 물리(物理) / [차미슬], [나뱡], [물리] 문리(文理)

'한글맞춤법은 표준어를 소리대로 적되 어법에 맞도록 적음을 원칙으로 한다.'는 한글맞춤법 제1장 총칙의 제1항 규범은 국어 발음의 헌법이요, 모든 음운 법칙의 모법(母法)이다. 표준어를 소리대로 적는다는 것은 표준어를 발음 나는 형태대로 적는다는 뜻으로 이를 표음(表音)주의라고 한다.

그러나 이 원칙을 적용하기 어려운 경우도 많다. 예를 들면 꽃의 경우 꽃이[꼬치], 꽃놀이[꼰노리], 꽃밭[꼳빧] 또는 '한그른 일끼도 쉽따.→한글은 읽기도 쉽:다.' 등에서는 발음대로 적으면 뜻을 파악하기 어려워 어원(語源)을 밝혀 적기 때문에 소리 나는 대로 적지 않는 바 이를 표의(表意)주의 또는 형태(形態)주의라고 한다.

따라서 소리 나는 대로 적은 낱말은 적힌 대로 읽지만, 그렇지 않은 어휘는 적힌 대로 읽지 않는다. '하늘, 땅, 산, 바다, 거름(비료), 물리(物理)' 등의 표음주의 어휘들은 적힌 대로 읽는다. 반면 참이슬[차미슬], 납량(納涼)[나뱡], 걸음(보행)[거름], 문리(文理)[물리], 태릉[태능], 선릉[선능], 박목사(朴牧師)[방목싸]처럼 소리대로 적지 않은 낱말들은 표기대로 읽지 않는다.

매년 여름 특집방송 제작 때 방송가에서 문제 삼는 납량(納涼)의 발음을 답례(答禮)[담녜]와 자음 환경이 같다 하여 [남냥]으로 오해하는 방송인이 많다. 납량이란 납(納)은 '보내다', 량(涼)은 '시원함'의 뜻으로 '시원한 기운을 보낸다.'는 것이고, '남에게 받은 예를 보답한다.'는 뜻의 답례 역시 소리대로 적지 않는 형태주의 표기이다. 굳이 표기대로 읽을 수도 있으나 조음(調音)이 어려워 발음 경제의 음운을 택한 것이다.

한국어는 표기와 발음이 일치한다는 국어학계의 통념이 지배적이던 60년대 초, KBS 아나운서들은 사건(事件)을 [사:껀], 헌법(憲法)을 [헌:뻡], 특히 발음하기 곤난한 '곤난(困難)'을 과감히 [골:란]으로 발음해 파장을 일으켰다. 결국 '곤난'은 역행자음동화의 근기를 만들어주어 '곤란'으로 표기 자체가 바뀌었다.

참고삼아 영어와 프랑스어는 표기와 발음이 90% 이상 일치하지 않는다. 반면 독일어, 이탈리아어, 포르투갈어, 일본어(히라가나)는 표기와 발음이 일치하여 발음부호가 없다. 한편 한국어는 40%가량 일치하지 않는다. 필자가 세워본 가설(假說)이다.

어느 민족이나 말이 먼저 있었다. 후대에 눈에 보이지 않는 말을 눈에 보이게 적어 보존하기 위해 만든 기호가 문자이다. 선언후문(先言後文)의 시대를 거쳤으므로 '선발음 후표기'의 대원칙이 생긴 것이다. 일찍이 선구자적인 KBS 아나운서들의 파격적인 방송이 오늘날, 표기와 발음이 반드시 일치하지 않는다는 형태주의 발음법의 모태(母胎)가 된 셈이다.

한국어는 표준어를 표기대로 읽는다고 표준 발음이 되지 않는다. 건물에 외장(外裝)과 내장(內裝)처럼 언어에도 눈에 보이는 표기와 눈에 보이지 않는 발음이 있다. 표준 발음을 도외시한 국어 교육은 인테리어를 하지 않은 부실 공사 같은 건물이라 할 수 있다. 해방 이후 한글은 쓰기도 읽기도 쉽다는 지나친 문자(文字)우월주의 때문에 제도적인 학교 교육에서 70여 년 동안 발음교육이 도외시(度外視) 되어 왔다. 그런데 마치 꿈같은 일이 벌어졌다. 즉 2018년도 초등학교 4학년 1학기 국어활동 기초다지기에 한라산[할라산], 칼날[칼랄], 신라[실라], 찾은[차즌], 좋아요[조아요], 많아서[마나서]처럼 국어는 표기와 발음이 다른 낱말도 있다는 사실을 밝혀놓았다. 내년도에는 5·6학년 교과서에 좀 더 심도(深度)있는 내용이 되었으면 한다.

사람이 말을 만들고 말은 사람을 만든다.

– 품위와 음악성 갖춘 표준어 표준발음 교육이
훌륭한 어른 키워낸다

'표준어는 교양 있는 사람들이 두루 쓰는 현대 서울말로 정함을 원칙으로 한다.'(표준어 사정 원칙 제1장 총칙 제1항) 이 규정에서는 표준어를 못 하면 교양 없는 사람이 된다는 점을 강조하고 있다. '띠빙/따꿍(비표준어)', '뚜껑(표준어)'에서처럼 표준어는 어느 지역 사람도 이해할 수 있는 1) 통용력이 일차적인 필요조건이다. 그러나 2) 품위성/음악성, 3) 통일의 기능, 4) 준거(準據)의 기능 같은 충분조건에는 오늘날에도 학계나 방송 현장 모두 무심한 편이다.

무릇 교양 있는 사람의 제 1조건은 품위성과 음악성이 있는 말씨이다. "이상적인 말씨는 음악의 연주(recital)와 같다."는 명제(命題)를 전영우 선배께서 일찍이 60년대 초 아나운서 세계에 심어주셨다. "아나운싱에 반하다." 이는 당시 좋은 방송의 통념이었다.

한편 이 규정에서 서울말이 표준어가 된 것은 한 나라의 수도에서 쓰는 말 때문이 아니다.

서울말은 500년 왕도에 걸맞은 품격 있는 말로, '서울 지역에서 쓰이는 말'이 아닌 '서울말'의 절대성을 강조하고 있다. 외국의 경우도 표준어의 조건이 수도가 아닌 2) 품위성과 음악성에 있음은 자못 흥미롭다. 영국의 표준어는 거친 런던이 아닌 남부 지역 말이며, 프랑스도 파리가 아닌 투르이다. 독일도 베를린이 아닌 하노버이며, 이탈리아 역시 로마가 아닌 문예부흥의 발상지 피렌체이다. 미국은 영국에서 종교 문제로 이민 온 백인 앵글로색슨 신교주의자

(White Anglo-saxon Protestant/WASP) 계층이 쓰는 우아한 영어이다.

사람은 같은 고향 사람의 말을 들으면 친밀감을 느낀다. 반면 다른 지역의 말은 고향 말에서처럼 정다움을 느낄 수 없고 때로는 거부감마저 느낄 수도 있다. 이는 공통되는 말이 사람과 사람 사이를 묶어주는 끈의 역할을 하기 때문이다. 한 나라의 국민을 한 덩어리로 묶어주는 말, 이를 3) 통일의 기능(unifying function)이라고 한다.

여담으로 박정희 대통령 정권 말기 공직자는 공식 석상에서 반드시 표준어/표준발음을 지켜야 한다는 국어 정책을 구상했었다고 한다.

표준어는 21개(단모음, 이중모음)의 모음으로 최대한의 어휘를 만들어야 하므로 지키기 어려운 모음의 음가(音價)를 지켜야하는 인공어(人工語)이며, 비표준어는 발음의 구속력을 무시한 자연어(自然語)이므로 이 지역의 언중(言衆)은 성량이 큰 편이다. 일상생활에서 표준어와 표준발음으로 언쟁하는 경우를 상상할 수 없는 이유이다. 표준어는 교통규칙처럼 지키기 싫지만 반드시 지켜야 하는 규범이다. 초등학교 때부터 발음 교육을 실시한다면 자연스럽게 준법정신도 길러주는 역할도 할 것이다. 이를 4) 준거의 기능(Frame of reference Function)이라고 한다. 영국의 전통적인 테이블 매너는 말 교육으로 어린이가 성장해서 영국신사로 탄생되는 것이다. 옛날 우리나라의 '밥상머리' 교육 역시 훗날 말씨가 반듯하고 단정한 선비와 요조숙녀를 낳게 했던 것이다.

언어는 완성도(完成度)로 가는 연마 과정에서 '말씨'라는 '인간 계급'을 형성해준다. 과거 아메리칸 인디언들의 가정교육 - '너희들은 앞으로 타인과의 관계에서 말의 내용을 듣기 전에 말씨부터 들어라.'

모름지기 사람이 표준어/표준 발음을 만들고 표준어/표준 발음은 표준 인간/상식인을 만든다.

장음(長音)[장음]은 단음(短音)이요, 단음(短音)[다:늠]은 장음(長音)이다

지난번에는 국어라는 나무의 두 줄기에 해당하는 '표기와 발음의 황금률'과 '표준어, 표준 발음의 당위성'에 대해 살펴보았다. 앞으로는 거기에다 가는 줄기와 잎을 그려보고자 한다. 음악에는 음의 장단(長短)과 고저(高低)를 나타내는 음표(音標)가 있다. 언어에도 이에 해당하는 성조(聲調)가 있다. 음악에서는 음표가 일정하다. 그러나 언어에서는 극소수의 경우 뜻(訓)에 따라 장단음의 소리 값(음가(音價))이 달라지기도 한다.

'장(長)'의 경우 뜻이 ① '길다 / 오래다'일 때는 예) 장기간(長期間), 장수(長壽), 장신(長身), 장어(長魚), 장점(長點), 장편(長篇)처럼 성조가 짧아진다. 반면 뜻이 ② '어른 / 높다 / 맏이 / 자라다'일 때는 예) 장관(長官)[장:관], 장녀(長女)[장:녀], 장로(長老)[장:노], 장성(長成)[장:성], 장유유서(長幼有序)[장:유유서], 장자풍도(長者風度)[장:자풍도]처럼 성조가 길다.

'단(短)'의 경우 훈은 '짧다'이지만 예) 단명(短命)[단:명], 단시간(短時間)[단:시간], 단신(短信)[단:신], 단조(短調)[단:쪼], 단축(短縮)[단:축], 단편(短篇)[단:편]과 같이 성조는 장음이다.

초애향심(超愛鄕心)에 불타는 일부 중견 학자들이 서울말로 규정된 현 표준어는 부당하다고, 헌법재판소에 제소하였으나 패소한 코미디 같은 사건이 있었다. 표준발음을 무시/경시하는 일부 국어학계의 풍토와 재기(才氣)에서 벗어나는 '끼'가 판치는 현 방송계의 현실에서 이러한 글은 무용지물일지 모른다.

일본어의 모든 한자는 소리로 읽는 음독(音讀)과 뜻으로 읽는 훈독(訓讀)도 알아야 하는 어려운 외국어이다. 국어의 모음이 21개인데 비해 일본어는 5개의 기본 모음밖에 없어 쉽다고 오해하고 있다. 한때 NHK국제국에서 근무했던 김유홍 아나운서가 '선생(先生)과 선서(宣誓)[せんせい]'의 표준발음을 할 수 없다고 실토한 적이 있다.

재작년 NHK 오시까 아나운서가 무화과(無花果)[이찌지꾸]라는 발음을 못해 일본 사회에서 화제가 된 적이 있다. 일본의 모든 가정에는 자국어사전과 한화자전(漢和字典)이 있다.

우리나라의 한 유학(儒學) 대가가 중국에서 비롯된 유교의 예(禮)가 일본에서 만개했다고 토로한 적이 있다. 일본인 대화에는 욕설이 없다. 이들의 철저한 국어 규범 준수 생활이 정신세계를 지배한 것은 아닐까.

이 도령·춘향의 말씨, 방자·향단의 말투

우리나라의 방송을 듣노라면 마치 심판과 규칙이 없는 경기를 보는 것 같다. 이번 세월호 관련 방송에서 일부 진행자의 어조(語調)는 애도 방송과 동떨어져 있었다. 차량의 교통사고가 있듯, 방송에도 언어의 교통사고가 있다. 해방 이후 제도권 국어 교육에서 발음 교육이 없었으므로 모든 방송인들과 소수의 아나운서들조차도 방송 언어의 중요성을 절감하지 못하는 실정이다.

방송은 종합예술이므로 격식체(格式体/Formal Style)와 비격식체(非格式体/Informal Style)의 언어가 공존하기 마련이다. 춘향전은 책보다는 극화(劇化)되었을 때 주연과 조연의 말씨가 빚어내는 품격의 대칭미(Symmetry)로 또 다른 재미를 더해준다. 요즈음의 방송 판도는 주류(主流)와 비주류(非主流)가 뒤바뀐 방자·향단의 전성시대라 하겠다.

오늘날 방송 언어의 참담한 실상(實相)은 언제부터 비롯된 것일까? 80년대 초 신군부 정권은 국민의 눈과 귀를 집중시키는 우민(愚民)정책의 일환으로 컬러 TV를 등장하게 하였다.

아울러 표준 발음의 아나운서 방송은 딱딱하고 재미가 없다는 누명을 씌우면서, 면허증 시대에 단 1시간의 교육도 받지 않은 무면허 운전사와 같은 외부 인들을 대거 등장시킨 이때의 문호개방(門戶開放)이 원인(遠因)이 되었다.

무릇 인간에게는 2단계의 욕망이 있으니, 1단계는 남보다 비싼 옷, 맛있는 음식, 고급 주택에 살고 싶은 것이다. 2단계는 신분 상승의 욕망인데, TV라는 영물은 최단 기간의 출연으로도 이를 확실하게 보장해주기 때문에 방송계 안팎에서 수단 방법을 가리지 않고 극단의 경쟁을 벌이고 있으니 이것이 근인(近因)이라 하겠다.

우리나라는 GDP(Gross Domestic Product: 국내총생산) 면에서 경제의 선진국이나, 실상은 상식의 후진국이다. 이제는 'P'를 인격(Personality)으로도 생각할 때이다. 또한 우리나라는 방송의 선진국이요, 방송 언어의 후진국이다.

방송계의 사정을 모르는 사람은 아나운서가 제일이라고 오해하고 있다. 방송을 조금 아는 사람은 아나운서가 불필요하다고 생각한다. 그러나 방송을 많이 아는 사람은 아나운서를 절대적인 존재로 보게 된다. 세계적인 언어학자 이기문 서울대 국문과 명예교수는 자신이 평안도 출신이라는 사실 하나 때문에 한 번도 방송에 출연한 적이 없다.

소(牛)나 타는 차 '소나타' 사람이 타는 차 '쏘나타'

– 외국어 / 외래어

현대자동차에서 신형 차 '소나타'의 광고를 냈을 때 고객들의 거센 항의에 못 견뎌 차명(車名)을 '쏘나타'로 즉시 바꾸었다. 외국어는 화자(話者)와 청자(聽者)가 다른데 비해 외래어는 외국에서 이민을 와 한국어의 음운을 따른 국어이므로 화자와 청자가 같다.

'Jesus[지저쓰]→예수, John[쟌]→요한, Peter[피터]→베드로, Paul[폴]→바오로'처럼 발음상 화학작용을 일으키는 것은 당연한 외래어의 속성이다. '어너운서'는 외국어요, '아나운서'는 외래어다. 이는 마치 이민을 온 사람이 김치와 같은 한국 음식에 동화되어 입맛이 바뀌는 것과 같다.

외국에서는 외래어를 어떻게 받아들일까? 미국인은 HYUNDAI[현대]를 [하이운다이]라고 한다. 또한 최(崔)는 [초이](美), [쇼ㅏ](佛), [호이](獨), [츄이](中), [사이](日)로 자국민의 입맛에 맞게 발음한다.

"KBS[케이비에스], MBC[엠비시], SBS[에스비에스], 가스, 버스, 센터, 스포츠, 배지(Badge), 골대(Goal Post) 캐나다……." 현 외래어 표기는 외국어도 외래어도 아니며 뜻을 알 수 없는 경우도 허다하다. 한편 북한에서는 외래어를 국어로 받아들여 "빼스, 써클, 뽐뿌, 필림"으로 표기한다.

현 외래어 표기법(1941년 제정)은 오랜 세월 동안 여러 요인이 복합적으로 작용한 개악(改惡)의 결과물이다.

첫째, 표기와 발음이 쉽다는 지나친 한글 우월주의 때문에 해방 이후 오늘날까지 발음 교육이 없다. 이에 따른 국어학계의 발음 경시 풍조로 언중(言衆)의 폭넓은 선(先) 발음 현실 조사 후(後) 표기법 제정이란 대원칙을 무시하였다.

둘째, 외국어 학자의 참여로, Bus[bʌs]의 경우 'b[ㅂ], ʌ[ㅓ], s[ㅅ]'처럼 영어의 음소(音素)에 국어의 음소를 대응식(對應式)으로 하여 외래어 표기법이 된 셈이다.

셋째, 첫소리 자음의 평음(平音)과 경음(硬音)을 회피한 격음(激音) 위주의 표기 현상은 된소리의 인상을 주는 일본어에 대한 배타적 애국심과 된소리는 언어 순화에 역행한다는 일부 학자들의 편견 때문이었다. 그렇다면 경음 위주의 아름다운 프랑스어는 어떻게 설명할 것인가? 그리고 일본어는 경음으로 들리는 청각영상(聽覺映像)이 있을 뿐 표기상 '빠, 삐, 뿌, 뻬, 뽀' 이외에는 된소리가 없는 언어이다. 또한 조선통신사들의 일본어 교과서인 '첩해신어(捷解新語)'에 경음의 등장으로 보아 일찍이 우리 선조들의 된소리에 대한 선호를 짐작할 수 있다. 해방 후에는 'can'→'깡통', 'gang+패거리'→'깡패'의 예도 있다.

넷째, 외래어의 개념에 이해가 없는 언중과 일부 아나운서들조차 국제화 시대에 걸맞게 '탈렌트→탤런트'처럼 영어식(현지음)으로 발음해야 한다는 오해는 현 표기법 개정에 걸림돌이 될 뿐이다.

다섯째, 중국어의 경우는 한글로 외래어가 아닌 외국어를 표기하고 있다. 이는 한글 전용주의자들의 한자 사용 방지책이었다. 延辺[옌볜]은 짐작이 되지만 延吉[옌지]나 成都[청두]는 혼란스러울 뿐 아니라 청두는 青島[칭따오]와 혼동된다.

세계 어느 나라에서도 유례를 찾아볼 수 없는 우리나라의 현지음(現地音)주의는 어떤 연유 때문이었을까? 이는 조선총독부가 조선어 말살 정책을 쓸 때 경성방송국(KBS의 전신)에 지령을 내려, 일본어 고유명사에 대하여 조선 한자음을 쓰지 못하고 일본어로 쓰게 한 데서 비롯되었다. 갑자기 '동경 유학생'이 '도-꾜 유학생'이 된 것이다. 당시 경성방송국 심우섭(沈友燮, 상록수의 작가 심훈의 맏형) 방송과장은 이에 항거의 뜻으로 사표를 냈다.

현 표기법의 피해자는 신문사나 출판사와 같은 문자 언어 종사자들이 아니며 아나운서들이다. 특히 다음은 80년대 초 야구 중계 아나운서로서 당시의 고충을 대변하는 한 대목이다.

'쎈타 앞에 안타'/'센터 앞에 언터' 여기서 'ㅏ'를 'ㅓ'로 결사적(?)으로 발음한 것은 'ㅏ' 모음의 인상이 짙은 '다나까, 나까무라' 같은 일본식 발음을 피하기 위해서였다. '아파트'가 일본어 '아빠–또' 때문에 '어파트'로 표기되었었는데, 이 무렵 와우(臥牛) '어퍼트'가 엎어(붕괴)졌다.

중계 아나운서들은 입에 익숙했던 '피차, 쎄칸드 베이스맨, 쎈타휠다……'를 쓰지 못하고 발음이 불편한 '피처, 세컨드 베이스맨, 센터필더……'를 벗어나기 위해 야구 용어를 '투수, 이루수, 중견수'로 바꾸었는데, 모순되게도 일본식 야구 용어를 사용하게 되었다. 안타까운 소아병(小兒病)적인 사고였다. '나라, 바다, 이마, 가마' 등 'ㅏ' 모음은 국어에도 많지 않은가.

'아나운서'도 '아나운사'가 더 외래어답다.

내가 야구 캐스터로 데뷔 시절 선배들은 'third[사–도]'(일본식 발음)의 초성 'ㅅ'을 피하기 위해 'third[서드] 앞 땅볼'이라고 하지 않고 '더드 앞 땅볼'이라고 하였다. 축구 용어 'throwing[스로윙]→[드로윙]'의 잘못도 여기에서 연유된 것이다. '스포쓰'라는 아나운서의 발음을 인정한다면, '배추'를 '배쑤'로 고쳐야 한다던 KBS 심의실 S위원의 악몽 같던 억지의 지적이 떠오른다.

필자는 1987년 국어연구소(현 국립국어원의 전신)에서 6명의 위원으로 구성된 외래어표기용례 심의위원으로 참여한 적이 있다. 나는 활자매체 종사자들인 다른 위원들과 전혀 의견이 달랐으므로 위원이 아닌 이론 앞에서 투쟁하는 투사의 모습이었는데, 다음과 같은 전리품(?)을 얻을 수 있었다.

"오브저버(observer)→옵서버, 캐딜랙→캐딜락, 코냑→꼬냑, 파르티잔→빨치산, 점퍼/잠바·셔츠/샤쓰(복수 표기)" 이러한 전거(典據)는 "까쓰, 빠쓰, 쎄일, 쎈타, 스포쓰, 카나다……"를 비롯한 현 표기법 개정의 교두보를 확보하기 위한 심경에서였다.

외래어 표기법 통일안(1941년)의 원안대로 '외래어 표기는 소리 나는 대로 적는다.'와 같은 표음주의의 정신에 따른다면 쾌도난마(快刀亂麻)처럼 오랜 숙원이 명쾌하게 풀릴 것이다.

그러나 출판계와 신문사 등의 문자언어 기관에서는 현 표기법에 대해 생활에서 큰 불편을 절감하지 못하므로 현재로서는 외래어 표기법의 개정은 거의 불가능하리라고 본다.

"현 외래어는 표기법만 있고 발음법이 없습니다. 따라서 표기대로 읽어야 한다는 구속력도 없습니다. 특히 한국어는 표기와 발음이 일치하지 않는 언어입니다. 최근 국립국어원에서 '자장면'을 '짜장면'으로 고쳤듯이 현실음을 중시하십시오." 학생들 질문에 대한 나의 군색한 답변이다.

KBS 아나운서실은 50년대 말부터 사건을 [사:껀], 헌법을 [헌:뻡]으로 전향적으로 발음, 한글학회에 앞서갔다. '표기는 문자요, 발음은 말'로, '말 다음에 문자가 생겼다.'는 언어학 원론(原論)을 새삼 상기할 필요가 있다. 이제 기간 방송 KBS 아나운서들은 국립국어원과 관계없이 현장 언어 중심의 새로운 외래어표기법을 한국어연구회에서 독자적으로 제정, 한국 정통 음성 언어의 산실임을 보여주어야 하지 않겠는가.

아나운서(言語運師)

이번 연말에 영광스럽게도 장기범상을 수상하게 되어 감회가 남다르다. 이 기회에 '아나운서'에 대해 언급해 보고자 한다.

KBS 아나운서실에는 역사에 걸맞는 전통문화가 있다. 사람이 자기 이름 외에 쓰는 '아호(雅號)'는 '개인 문화'이다. 아나운서실의 청동기 시절, 선배님들은 '현암(玄庵) 이계원, 소천(素泉) 민재호'처럼 호가 있었다. '素泉'은 '泉'을 장기범 후배에게 물려주며 인천(仁泉)이라 지어주었다. 이러한 전통이 오늘날까지 이어져, 문겸(文兼) 전영우를 비롯해 백하(白霞), 왕산(往山), 동선(童仙), 토헌(土軒), 곡천(曲川), 학촌(鶴村), 용포(庸浦), 청하(蜻霞), 남초(南草), 우양(又洋), 목리(木里), 관봉(觀峰), 효천(曉泉), 정인(晶仁), 우선(愚秈), 눈초(䎽草)는 나의 아호이다. 눈(䎽)은 '새봄 나뭇가지에 눈텄다.'고 할 때의 글자이다. 「처음(初)+새싹이 생겼다(生).」, 「눈(䎽)」은 「눈(嫩)」의 속자이나 파자(破字)가 좋아 '눈초(䎽初)'로 바꾸었다. 「初(처음 마음처럼)+生(산다)+初(처음 마음처럼)」 이렇듯 지금도 내 주위의 아나운서들은 호를 이름처럼 부르며 선비 흉내를 내고 있다.

그리고 30년대 문인들의 낭만의 음주 문화가 있다. 仁泉의 훈시에 따라 '술자리에서는 남의 흉을 보지 말며, 술을 권할 때 술병의 상표가 올라와야 하고 왼손으로 따르지 말 것' 등이었다.

KBS 아나운서실은 한국의 음성 언어의 산실이다. 제1기는 자각기(1945~50)로 해방과 더불어 '국어 사랑이 곧 나라 사랑'이라는 선각자적 사명감이 불타던 시기요, 제2기는 계승기(1951~82)로 국어 수호에 철저하여 나라말을 지키는 최후의 보루라는 자부심을 갖던 시기, 제3기는 발전기(1983~현재)로 아나운서실에 KBS한국어연구회가 탄생, 국어학계의 원로 중진 학자를 고문과 자문위원으로 모시고, 상아탑의 학문과 현장 언어가 산학(産學) 협동정신의 기반을 다지게 되어 방송 언어가 신기원을 맞이하게 되었다. 필자가 정해본 편년사(編年史)이다.

아나운서실의 선배와 후배들은 가르치고 배우는 장인(匠人)들의 도제(徒弟)교육처럼 수십 년을 면면이 이어오면서 형님 같은 선배와 아우 같은 후배의 정이 싹터오고 있다. 1960년에서 80년대 무소불위(無所不爲)의 군사 정권 시절 아나운서실에는 단 한 명의 낙하산 인사가 없었다는 사실에 자긍심을 갖고 있다. 장기범 선생이 작고하신 후 작년까지 26년 동안(총 30년간) 강화도 묘소 참배(엔지니어, PD, 기자 포함)를 한 해도 거른 적이 없다.

아나테이너로 아나운서의 정체성이 논란거리였을 때 어느 기자의 질문에 대한 나의 답이다.

"아무리 세상이 달라져도 변해야 할 것과 변하지 말아야 할 것이 있습니다. 맷돌이 윗돌은 돌지만 밑돌은 움직이지 않아야 제 역할을 할 수 있습니다. 아나운서는 국민의 영원한 국어교사인 言語運師(필자가 만든 신조어)입니다."

아나운서실장실에는 1927년부터 현재까지 서울 본사에 근무했던 503명의 아나운서 이름들을 40호 크기의 화선지에 붓글씨로 쓴 네 폭의 족자가 걸려 있다. 전통을 중시하는 NHK 아나운서실에도 이러한 유물(遺物)은 없다 하니 세계 어느 직장에도 없는 자랑거리라 하겠다.

며칠 전 경비실에서 연락이 왔다. 동네 시장 좌판 장수 할머니가 소금을 짜지 않게 뿌린 후 꾸덕꾸덕하게 말린 가자미 두 마리에 민어 한 마리, 그리고 1.6리터짜리 맥주 한 병. 南草가 꽤 먼 거리에서 들고 와 몰래 두고 간 선물이었다. 백화점에서 세련되게 포장되어 보내온 한 상자의 선물보다 더 고마웠다. 어느 직장, 어느 직종의 사람이 이런 행복을 맛볼 수 있겠는가. 출판 과정에서 컴퓨터 자판으로 바뀌겠지만, 이 글 또한 한 후배가 선물한 만년필로 써보았다.

훈민정음과 한글은 다르다

– 장단음의 원류

세종대왕은 한글을 만드신 것이 아니라 1443년 훈민정음을 창제하셨다. 한글이란 말은 백여 년 전 언어의 쇼비니스트(chauvinist/독선적 애국주의자)였던 주시경 선생이 '큰 글(한길 / 큰 길)'이란 뜻으로 만든 신조어이다. 이는 국가(國歌)를 애국가(愛國歌)라고 하는 것과 같은 초애국주의의 소산이다. '한글학'이란 학문이 성립될 수 없기 때문에 대학의 학제에서 '한글학과'라고 하지 않고 '국문학과'라고 한다.

세종대왕의 훈민정음 창제의 의도는 무엇이었을까? 한자를 모르던 백성들에게는 새로운 나라말/국문(國文)을 만들어 가르치려는 훈민(訓民)의 뜻과 이미 한자로 문자 생활을 하던 상류 지식층에게는 팔도(八道)에서 제각기 달리하던 발음을 중국의 사성(四聲)의 성조(聲調)를 도입하여 표준 발음(正音) 작업도 동시에 이루고자 하였던 것이다. 또한 세종께서는 문헌에 기존의 한자와 새로운 국문(國文)을 병용하셨던 사실(史實)을 상기할 필요가 있다. 오늘날 국어의 한글 전용주의는 세종대왕의 뜻에 어긋나는 일이라 하겠다.

훈민정음 창제의 기본이 된 음운(音韻) 이론이 고대 인도의 음운학에 근거했다는 사실을 아는 국민은 거의 없다. 고대 인도는 음성에 관한 음운학이 일찍이 발달하여 중국에 불교와 함께 들어와 한자의 음운에 지대한 영향을 주었다. 이러한 이론이 다시 우리나라에 들어와 세종은 이를 국어에 적용, 좀 더 발전된 이론의 토대 위에서 훈민정음의 창제가 가능했던 것이다.

조선의 개국 이념은 유교였으나 왕족들은 극락세계를 가야 했기에 왕실에서는 백성과 달리 불교를 신봉하여 궁내에서 고승(高僧)을 모시고 법회를 열었다. 우리나라의 원로 국어 학자 이기문 선생은 이들 승려 가운데 산스크리트어와 티베트어에도 능통한 음운학에 일가견을 가진 인도 유학승에게서 정음 창제의 결정적인 힌트를 얻었을 것이라는 가설(假說)을 주창하고 있다.

붓다의 공적을 찬양한 '월인천강지곡'과 붓다의 일대기인 '석부상절', 그리고 세종의 의지가 불교적인 숫자 108자로 된 어지(御旨)가 모셔져 있는 '월인석보' 등 국시(國是)에 어긋난 불경 저술의 대작업은 훈민정음의 창제를 도와주신 붓다의 은혜에 대한 표현의 발로가 아니었을까?

15세기 훈민정음 창제 이후 모든 문헌에는 각 글자의 왼쪽에 무점(無點)/평성(平聲)/낮은 소리), 일점(一點)/거성(去聲)/높은 소리)[·], 이점(二點)/상성(上聲)/긴소리)[:]를 적었는데 이를 방점(傍點)/긴소리라고 하였다. 입성(入聲)은 말의 고저장단과 관계없는 받침이라 무시된 셈이다. 예) "나(평성)·랏(거성) :말(상성) 쌋(평성)·미(거성)–훈민정음 언해본" 이와 같은 장단의 현상은 훈민정음 창제 이후 갑자기 나타난 것이 아니라, 다만 이 시기에 철저히 활자화되어 한국어 장단음의 원류가 되어주었다. 훈민정음 이전에도 언어의 특성상 '소리의 길이'가 같으면 뜻을 구별할 수 없어, 장단음이 있었을 것이며 의사소통뿐만 아니라 음의 높낮이의 변동이 없으면 연속된 발성이 불가능하기 때문이다. 이는 마치 파도의 상하운동으로 전진(前進)을 가능하게 하는 파도타기(서핑, surfing)와 같은 원리라 하겠다.

오늘날 장단음의 어휘는 1) 15세기 방점성조(傍點聲調)가 그대로 계승된 장단음 2) 당시의 성조가 뒤바뀐 장단음 3) 당시의 방점을 모방하여 새로 태어난 조선식(朝鮮式) 장단음의 총화라고 생각된다.

요즈음도 아나운서는 표준발음을 지킵니다.

– 장단음과 띄어 읽기는 발음의 편리성 기능도 있다

언어에는 문자 언어와 음성 언어의 양면성이 있는 바, 음성 언어로서 한국어의 특징은 '장단(長短) 악센트'/'고저(高低) 악센트' 언어이므로 아나운서 세계에서는 장단음을 자고저(字高低)라고도 한다.

박근혜 대:통령은 중남미 4:개국 순:방의 첫 방:문국인

강 약 약 강 약 약 약 강 약 약 강 약 약 강 약 약 강 강 약 약 약

콜롬비아에 도:착했:습니다.

강 약 약 약 약 강 약 중강 약, 약 약

소리의 높이와 길이를 분석하는 전자음향분석기기인 Visi-Pitch6087DS에 입력했을 때 가정해본 도표이다.

대:/사:/순:/방:/도:/했:(장음의 음절에 악센트가 붙음) 6음절의 장음 액센트에 박/중/첫/콜/(무거운 음절에 악센트가 붙음) 4음절의 고저 악센트가 가세하여 장단(리듬)과 고저(멜로디)가 어우러지면서 유려한 아나운싱의 원동력이 되어준다.

아나운싱전에 방송 원고의 표준 발음을 검토할 경우, 위 문장에서처럼 90% 이상이 장음으로 실제 방송 현장에서 장음의 존재는 표준 발음의 대명사라 할 수 있다. 이처럼 장단음의 기능은 1) 의미의 변별력 2) 품위, 음악성 이외에도 띄어 읽기와 더불어 3) 발음의 편리성의 기능도 지니고 있다.

방송 프로그램을 아나운싱의 기법(技法)으로 대별하면 1 그룹) ① 스트레이

트 뉴스: 5분(단거리 뉴스), 10분(중거리 뉴스), 15분 이상(장거리 뉴스, 15분 뉴스는 5분 뉴스의 3배 이상 힘들다) ② 중계방송 ③ 내레이션 ④ 수필 낭독/시 낭송 2 그룹) ① 앵커뉴스 ② MC와 DJ의 애드리브 프로그램으로 나누어진다. 여기에서 아나운싱의 기법 상으로 볼 때 1 그룹이 2 그룹에 비해 월등하게 어렵다.

아나운서의 실기시험이 구태의연(舊態依然)하게 '스트레이트 뉴스'인 이유는 21개 모음의 다양한 음가(音價)를 지키면서 속도감 있는 독력(讀力)을 갖추어야 하기 때문이다. 중계방송이 서예에서 서법(書法)을 다소 벗어난 흘림체 초서(草書)라면, 뉴스는 서법에 철저한 반흘림체 행서(行書)에 비유할 수 있다.

1980년대 초 신군부 시절 보도본부의 모 보도위원이 12시 마라톤 뉴스를 담당한 바 있으나 1주일을 채우지 못하고 하차하였다.

한 화가의 실력을 데생력으로 가늠할 수 있듯이 아나운싱의 수준은 스트레이트 뉴스로 확인된다. NHK 아나운서 교육에서 '스트레이트 뉴스'에 큰 비중을 두는 것은 뉴스 캐스터양성 목적이 아니라 각 분야 아나운싱의 데생력을 키워주기 위함이다. 즉 '읽기'는 완성도 있는 '말하기', 애드리브를 위한 전 단계이다.

현 방송가에는 ㄱ) 현역 아나운서 ㄴ) 아나운서 출신 프리랜서 ㄷ) 비(非) 아나운서 출신 방송인들이 활동하고 있다. 그런데 ㄷ) 그룹의 방송인 중 극소수의 인사를 제외하고는 내레이션 프로그램조차 듣기 힘들다. 글씨를 쓸 줄 안다고 서예가가 될 수 없듯이 우리말을 할 줄 안다고 해서 MC가 될 수 있는 것은 아니다.

아나운싱의 기법상 고난도(高難度)의 중계방송과 뉴스 방송을 평생 해도 무명 방송인으로 남는 것은 모순이 아닐 수 없다. 그러나 상대적으로 MC는 1년 전후의 시간이 지나면 저명인사가 보장되니 모든 방송인이 이 분야로 관심을 가질 수밖에 없을 것이다.

요즈음 아나운서들이 표준 발음을 지키지 않는다는 질책성 발언을 주위 분들에게서 자주 듣는다. 이는 과거의 아나운서들에 비해 국어 사랑에 철저하지 않다는 뜻과 아나운서의 본령을 떠나 망가진 모습을 보여주는 일부 아나운서에 대한 아쉬움으로 생각된다.

발음을 편리하게 해주는 작용 원리를 가진 표준 장음(長音)을 지키지 않는 아나운서/방송인은 어리석은 사람이다. 7음계가 사라진 음악계의 성악가를 상상할 수 없듯이 장단음을 도외시한 아나운서의 존재 이유 또한 있을 수 없는 것이다.

방송국 직원 중 엔지니어와 행정직을 제외한 PD와 기자 누구인들 방송을 하고 싶지 않겠는가? 그러나 현대는 세분화된 전문화시대가 아닌가. 아나운서 시대가 끝난 것이 아니다. 한국과 일본의 방송 풍토에서 아나운서의 존재는 영원할 것이다. 최근 K-POP에 이어서 방탄소년단이 세계적인 스타가 되었다. 그러나 이들의 Instant Music과 함께 베토벤과 모차르트의 고전음악도 영원할 것이다. 아나운서의 아나운싱 세계는 후자의 영역이다.

어머니 '개모임'에 나가셨습니다.

– ㅔ[e] / ㅐ[æ]에 의한 의미의 변별력

"어머니, '개 모임'에 나가셨습니다."

집에 걸려온 전화에 대한 대답이다.

영어에서는 '케네디', '멕시코', 'MBC[엠비시]'를 '캐내디', '맥시코', '앰비시'로 읽어도 다른 뜻이 되지 않는다. 그러나 한국어는 "세 집[세:집](세 채의 집), 새 집[새:집](새가 사는 집), 새 집[새집](새로 지은 집)"에서처럼 다른 뜻이 된다.

'ㅔ/ㅐ'의 발음을 숙달하는 방법은 의외로 간단하다. "ㅣ(Closed)/닫힌 상태, ㅔ(Half closed)/반쯤 닫힌 상태, ㅐ(Half open)/반쯤 열린 상태, ㅏ(Open)/열린 상태" 'ㅣ/ㅔ/ㅐ/ㅏ'를 발음할 때 입을 벌린 정도의 개구도(開口度)이다. 가령 '게(蟹)/계(契)/개(犬)'의 발음이 원활하지 않을 때는 첫소리인 'ㄱ'을 'ㅣ/ㅔ/ㅐ/ㅏ'에 붙여 '기/게/개/가'를 연습해보면 입모양이 조금씩 벌어지는 것을 느끼게 될 것이다.

'ㅔ/ㅐ'에 의해 분화되는 어휘의 예를 들어본다. 계:시(啓示)/개시(開始), 계:성(啓星)/개:성(個性)/개성(開城), 계:발(啓發)/개발(開發), '계'는 계절(季節), 계속(繼續)처럼 모음이 'ㅖ'로 표기된다. 단 게시판[게:시판](揭示板), 휴게실(休憩室)/게송[게:송](偈頌)(부처님을 찬미하는 노래)의 표기만이 예외이다.

네탓(너의 탓)/내탓(나의 탓), 네(대답)/내:(작은 물줄기), 네:시(4시)/내:시(內侍), 떼(새:~)/때(좋은 ~), 메:다(어깨에 ~)/매:다(끈을~), 메달(금~)/매:달(~봉급), 메일(Mail)/매:일(날마다), 메주(~를 담그다)/매:주(주일마다), 모:레(내일 다음날)/모래(~

밭), 베:다(풀을~)/배:다(새끼를~), 세:다(돈:을~)/새:다(날/물이~), 식혜(食醯)(~한사발)/식해(食醢)(가자미~), 제:기(祭器), 제:기(~차기)/재:기(再起), 재기(才氣)(~발랄), 제:수(弟嫂), 제:수(祭需)/재:수(再修), 재수(~가 좋다), 제:일(第一)/재:일(在日), 제:주(濟州)/재주(~부리다), 체(~로 가루를 치다)/채(골프~, 무:~, 집 한~, 신을 신은~, ~익지 않았다), 테(안경~)/태:態(맵시), 헤치다(수풀을~)/해:치다(건강을~).

이처럼 국어에서 ㅔ/ㅐ에 의해 변별력을 주는 어휘는 비교적 적은 편으로, 이 분야는 완벽하게 익힐 수 있다.

한국은 국어 교육에서 발음 교육이 없는 나라이다. 이러한 국어 발음의 경시 풍조는 외국인들의 한국어 교육에서도 당연시되고 있다. 어느 나라 국어든 간에 초급·중급·고급의 국어회화가 있기 마련이다. 한국어는 이미 방송 현장과 일상회화에서 고급 국어 회화를 찾아볼 수 없게 되었다. 우리나라 국어 학계에는 상아탑(象牙塔)만 지키는 국어 학자가 대세(大勢)이며 실용 국어 학자는 손에 꼽을 정도라는 현실을 감안하고라도 말이다.

예사소리와 된소리 : 연음법칙과 절음법칙

– 고가(高架)[고가] / 古家[고:가] / 高價[고까]
불고기 / 물고기[물꼬기], 잠자리 / 잠자리[잠짜리]

정계에 실세(實勢) 정치인과 무늬만의 정치인이 있듯이, 언어에도 '꽃이'에서 '꽃'같이 뜻을 나타내는 실사(實辭)와 '이'와 같은 조사나 어미의 허사(虛辭)가 있다.

대등한 관계의 실사와 실사가 만나면 두 낱말을 존중하여 끊어 읽게 되어 '잠+자리/잠을 자는 자리[잠짜리]', '꽃+잎/꽃의 잎[꼰닙]'처럼 다양한 변이음이 되며, 종속관계의 실사가 허사로 이어지면 조사 '이'를 무시하고 연이어 발음하게 되어 '꽃이'[꼬치]가 된다. 또 한국어에서는 '고가(高架)[고가]/古家[고:가]/高價[고까]'처럼 예사소리와 된소리에 의해 의미가 분화된다.

예사소리/된소리의 예

교제술(交際術)/교제술(酒)[교제쑬], 대수(代數)[대:수]/臺數[대쑤], 문과(文科)[문과](~에 급제)/[문꽈](~대학), 문자(文字)[문자](공자 앞에~쓰다)/[문짜](상형~), 상권(上卷)[상:권]/商圈[상꿘](~이 형성되다), 삼일장(三日葬)[사밀장]/三日場[사밀짱](영월의~), 수소(水素)[수소]/[수쏘](수컷의 소), 연줄(因緣)[연줄]/연줄[연쭐](연의 줄), 장기(長期)[장기]/將棋[장:기]/長技[장끼](수평은 장끼), 표 돈[표돈](이번 선거에서~)/[표:똔](~모아 목돈), 화병(花甁)[화병]/火病[화:뼝], 외래어의 경우 'Band'가 언중의 필요성에 의해 '[밴드](고무~/헤어~)/[밴드](~마스터)'로 되있다.

연음법칙/절음법칙의 예

ㄱ) 연음 : 흙이[흘기], 닭을[달글], 넓은[널븐], 산새[산쌔], 물꼬기[물꼬기], 당고개[당꼬개], 연음[여늠], 전(前)+주(週)[전쭈], 전주(全州)/前奏[전주], 전역(全域)[저녁](서울~), 전역(轉役)[저̄:녁](군에서~), 온라인[온나인], 헨리[헨니], 비비안 리[비비안니](‘ㄴ’순행동화)

ㄴ) 절음 : 공권+력(합성어)[공꿘녁], 값+어치[가버치], 맛+없다[마덥따], 불+법(佛法)(붓다의 말씀)[불법]/不法(법에 어긋나다)[불법], 시간+대(臺)[시간대], 지진+대(地震臺)[지진대], 물+약[물략], 서울+역[서울력], 학+여울{항녀울], 태+릉[태능], 선+릉[선능](‘릉’은 2음절 아래의 본음 표기 원칙), 불+고기(불에 구운 고기)[불고기], 1+1+9[일릴구], 원+룸[원눔], 산+새(살아있는 새)[산:새], 산+세(山勢)(산의 형세)[산세], 전+량(全量)(전체의 분량)[전냥], 전+라(全裸)[전나], 전(前)+역(驛)[전녁](~에서 출발), 음운+론(音韻論)[으문논], 휘발+유(揮發油)[휘발류], 홀+대(忽待)(소홀한 대접, 푸대접)[홀대], 흙+위[흐귀]

흔히 관건[껀], 참고서[꼬], 교과서[꽈], 창고[꼬]로 된소리를 내는 것은 이번 글의 이론과 무관하며, 일본어의 영향 때문에 나타나는 비표준 발음이다.

전기(電氣)는 전기풍로처럼 나선형 철사에 전류가 흐르게 하여 1단계 붉은색 후에 2단계 노란색을 띄면서 ‘열’(熱)로 사용할 수밖에 없었다. 에디슨은 고심 끝에 필라멘트(Filament)를 발명, 여기에 전기를 보내 백주(白晝)/대낮과 같은 백색(白色)의 열(熱) 전구(電球)/백열(白熱)전구[배결전̄:구], 즉 전깃불을 탄생시켰다. 지금은 백열등에 비해 1/5의 에너지가 소모되는 LED 시대가 열렸다.

필자는 오랫동안 ‘백열(白熱)[배결]’이 아닌 모든 국어사전의 발음표시인 [뱅녈]에 대해 이해할 수가 없었다. 최초의 사전 편찬 당시 영남지역 편집위원이 촬영[촤령]을 [촬령]으로 발음하듯이, 잘못 표기하였을 것으로 생각했었다. 그러나 의문은 여전히 남아 숙제로 삼아오면서 과학도(?)가 되어 몇 년 만에 이끌어낸 귀한 결론이다. 숫자 「110」은 [뱅녈]이다.

이처럼 절음법칙은 어원을 알아야 올바른 발음을 할 수 있는 중요한 국어 발음의 원칙이다.

Ⅰ. 漢字는 이미 韓國化된 韓字이다

– 漢醫學도 1970년부터 韓醫學으로 바뀌었다

한 나라의 문화는 수직/전통문화와 수평/외래문화의 씨줄과 날줄의 교직물(交織物)과 같다. 모든 나라의 국어 역시 수직/고유어와 수평/외래어의 총화이다. 한국어는 대체로 '한자어(70%)+고유어(24%)+외래어(6%)'로 구성되어 있는 바, 한자어는 일찍이 2천 년 전에 중국에서 들어온 외래어이다.

오늘날 우리나라는 거의 모든 분야에서 단결이 안 되는 국민이 주인인 민주(民主) 국가일뿐 서로 화합하는 공화국(共和國)이 아니다. 이런 현상은 아마도 예로부터 천여 번의 외침을 당한 마음의 상처에서 온, 타인을 인정하지 않는 배타적 DNA로 인한 국민성 때문이 아닐까.

해방 이후 국어학계 역시 한글 전용주의자와 한자 혼용주의자간의 문자 전쟁은 반세기가 지난 지금도 계속되고 있다.

한글은 배우기 쉬운 장점이 있는 반면, 한자어를 한글로 표기하면 무슨 뜻인지 알 수 없는 단점이 있다. 간단한 사람의 성(姓)을 예로 들어보아도 정:(鄭)/정(丁), 조:(趙)/조(曺), 변:(卞)/변(邊), 유:(柳)/유(劉·俞), 신:(愼)/신(申·辛)처럼 분별이 안 된다.

박근혜 대통령이 취임 이후 첫 해외 방문국인 중국을 다녀와서 연 기자회견 말미에 한자 병기(倂記)를 관계 기관에서 검토하라고 지시한 바 있다. 교육부에서는 대통령의 지적이 옳다고 보아 2018년부터 초등학교 4학년 교과서에 3 백 자 전후의 한자를 병기할 방침이었다.

그러나 현재는 이런저런 이유로 유보 상태이다. 필자는 한글 전용주의자는 물론 한자 혼용주의자들에게도 문제는 있다고 보고 있다.

두 가지 예문을 들어본다.

1. 모든 전쟁의 원인에는 근인과 원인이 있다.
2. 모든 戰爭의 原因에는 近因과 遠因이 있다.
3. :모든 :전쟁의 원인에는 :近因과 :遠因이 있다.

1. 야구에서 선발투수는 감독이 경기 전 날 선발한다.
2. 野球에서 先發投手는 監督이 競技 前 날 選拔한다.
3. 야:구에서 先發투수는 감독이 경:기 전 날 選:拔한다.

이 두 문장에서 1은 한글 전용주의자의 글이고, 2는 한자 혼용주의자의 문장이다. 1의 글은 뜻을 정확히 알 수 없고, 2는 필요 이상으로 한자가 많아 독서의 효율이 떨어지며 표준발음 표시도 없다. 필자의 주장은 3처럼 변별력을 주는 경우에만 한자를 쓰자는 것이다.

서양의 언어 표기 수단인 Roma字 Alphabet은 어느 한 나라의 문자가 아니라 서양의 문자일 뿐이다. 한자의 연원은 우리의 옛 조상인 동이족(東夷族)이 창안했다는 새로운 학설이 정설(定說)로 굳어지고 있다. 한자는 중국의 문자가 아니라 동아시아의 글자로 보아야 한다.

2013년 한·중·일 세 나라 인문·국어학자 30명(한국 대표 이어령. 주관 한국관광공사·중앙일보)이 두 차례의 회의 끝에 공동 상용한자 808字를 선정한 바 있다. 세 나라 문화의 공통분모는 한자 문화라는 사실을 누구도 부인할 수 없다. 한자는 한·중·일 세 나라의 정신문화를 이어주는 Beseto Belt(Beiging/Seoul/Tokyo)라고 한다.

Ⅱ. 漢字는 이미 韓國化된 韓字이다

– 중국어의 四聲이 국어에서 長短音으로 定着되었다.

국어의 한자 외래어에는 1930년대 서울에서 漢城式 중화요리라 불리던 '작장면(炸醬麵)→짜장면', '당초육(唐醋肉)→탕수육', '총장(葱醬)→춘장'과 '일생, 건물, 치매'와 같은 중국과 일본에서 들어온 외래어와 '평생, 생애, 모호'같은 우리나라 고유의 한자어도 있다.

우리의 국어학사에 기념비적인 역저 「일본에서 온 우리말 사전」(이한섭 지음. 2014년 고려대 출판부)에는 '대통령, 문학, 민주주의, 철학, 과학, 미술, 가정, 낭만, 냉장고, 단어, 방송, 신문, 안전, 자동차, 진리, 타협, 판매, 할인' 등 우리나라가 개화기 이후 일본에서 받아들인 3634 단어가 수록되어 있다.

일본은 1868년 메이지유신 이후 서양의 외래문화를 적극적으로 받아들이면서 중국의 한자라는 原資料를 독자적으로 再加工, 한자의 原産地인 중국에 逆輸出, 청말(清末)과 대한제국 시기의 국어에 큰 영향을 끼쳤다.

구한말(久韓末)의 보수주의자들은 당연히 '결혼, 친절, 건물, 천정, 수속'이란 낯선 말에 '혼인, 다정, 가옥, 천장, 절차'란 우리 고유의 한자어로 일시 저항하였으나 중과부적(衆寡不敵)이었다.

일본은 이러한 槪念語를 만들 때 영어를 번역하기도 하였지만 중국 고전과 佛經의 어휘에 새로운 의미를 부여, 新語로 쓰기도 하였다. 演說은 원래 부처님의 가르침을 설명한다는 뜻이며 文化는 周易의 '사람의 문화는 교화 육성된다/人文化成'에서 따왔다. 民主는 조선왕조실록에도 50회 이상 나오는데, 백성

(民)의 주인(主) 즉 왕을 가리키는 말이었다. 이 사전이 救國教育의 이념으로 세워진 민족의 대학 고려대가 아닌 일반 출판사였다면 친일사전으로 매도당하였을 것이다. 중국의 션귀웨이 교수의 「근대 중일 어휘 교류사」라는 책도 출판되었는데, 무려 70여 년간 한글 전용, 한자 혼용의 문자 전쟁이 계속되고 있는 우리의 학계를 돌아보면 중국학계가 부러울 정도다.

뜻밖에도 많은 전국의 초중등학교 과외 한자 교육 이외에도 2014년부터 중앙대는 한자 3급, 고려대는 2004년부터 한자 2급을 취득해야 졸업할 수 있다. 한글과 같은 표음문자인 영어는 Heal/Hill, Sheep/Ship처럼 表記로 뜻을 알 수 있으나, 한글은 성̄:인(聖人)/성인(成人), 광:주(廣州)/광주(光州), 건̄:재(建材)(건축자재)/건재(乾材)(한약의 재료)처럼 表意性이 없다.

고고학계의 1세대 학자였던 김원룡 교수는 1967년 조선일보의 칼럼에서 오늘날 우리 국어의 현실을 예견하였다. "造語力이 풍부한 千字정도의 한자를 아는 것과 전혀 모르는 것과 백년 뒤의 결과는 어찌될 것인가. 漢子가 없어도 국어국문학은 성립될지 모르나 다른 人文學은 枯死되고 말 것이다."라고 하였다.

音韻學의 大家였던 세종대왕도 외래어의 屬性에는 어두우셨던지 중국식 음운서를 완성한 책이 東國正韻이다. 동국정운의 한자 발음(常例[쌍녜], 大闕[땡궗]), 세종 당시 백성들의 한자발음(常例[샹녜], 大闕[대궐])에서처럼 이미 세종 때 한자가 백성들의 입맛(?)에 맞는 朝鮮式音韻으로 탈바꿈하여 韓字로 着根되었음을 알 수 있다.

훈민정음 창제 당시 도입된 중국의 四聲은 오늘날 국어의 장단음으로 定着되었다. 한자는 表意文字인 동시에 聲調가 따르는 表音文字이다. 한자는 '表記(外裝) + 聲調(內裝)'으로 된 建物과 같아 '武力[무:력]/無力(무력), 放火[방:화]/防火(방화), 賤職[천̄:직]/天職(천직)'에서처럼 장단음을 지키지 않고 度外視한다면, 이는 Interior를 하지 않은 부실공사를 한 건물과 같다 하겠다. 국어는 표기와 발음이 약 40% 일치하지 않는다(필자의 假說).

이런 국어의 현실에서 왜 건국 이래 제도권에서 발음 교육이 없었을까? 이는 한글은 배우기 쉽고 읽기 쉽다는 한글 優越主義와 象牙塔 학문 위주의 국어 학계 풍토에서 발음을 연구하는 응용/실용 국어 학자는 배출될 수 없었기 때문이다.

표준 발음은 선진국 국민의 교양이요, 의무이다. 韓字를 반대하는 한글 전용주의는 국제결혼으로 우리나라에 살고 있는 외국인에게 國籍을 주지 말자는 억지 주장이요, 마음의 상투를 아직도 자르지 못한 전근대적 민족주의라 하겠다.

아나운싱의 미학과 서예

– 한국은 방송 장비의 선진국, 방송 언어의 후진국

서예를 중국에서는 '서법', 일본에서는 '서도'라 하여, 세 나라는 '예술'과 '법'과 '도'를 한 개념으로 보았다. 서예의 오체(五体)에 방송의 장르를 대입해 보았다. 정자(正字)로 쓴 해서(楷書)는 뉴스·내레이션·시 낭송, 반흘림체인 행서(行書)는 DJ, 획이 굵은 예서(隸書)와 도장 새김체인 전서(篆書)는 오프닝 멘트, 반흘림체와 흘림체가 섞인 행초서(行草書)는 스포츠캐스터와 MC 멘트로 보았다. 정통파 서예인은 오체를 섭렵한 후 한 장르에 전념하는 바, 왕희지는 행서의 서성(書聖)이요, 추사 김정희는 예서의 대가였다. 서예계의 혁명가였던 추사는 초서체가 법도에 어긋나기 쉽다 하여 초서 작품은 한 점도 남기지 않았다. 올바른 방송인 역시 모든 장르의 방송을 할 수 있으나, 한 분야의 전문인일 경우여야 한다.

어느 국어학자가 나에게 방송언어가 훼손된 이유를 물었다. "방송 원고에 구애받지 않는 소위 국민 MC들의 애드리브가 가장 큰 원인으로 보이는데, 멘트를 알아들을 수 없어 자막으로 처리되는 경우도 있더군요."

필자는 이렇게 응대하였다. "가장 큰 근본적인 원인은 해방 이후 초등학교에서의 발음 교육 부재를 수수방관한 국어학자들의 책임과 실용 국어 관리의 총본산인 국립국어원의 음성언어의 몰이해로 인한 직무유기에 있습니다. 그리고 우리나라 음성 언어의 산실인 KBS한국어연구회가 창립 정신을 이어가지 못하고 있습니다.

반면 발음 교육 중심의 Phonics 교육을 받고 자란 미국의 어린이들이 토대가 되어, 미국의 표준어는 언어학적으로는 중서부 말이지만 통념상 Television English가 가능하게 된 것입니다. 자신의 잘못된 발음에 대한 타인의 지적에 "나의 발음은 방송 언어와 같다."고 답하는 미국인들의 언어 상식이 부럽습니다. 프랑스는 국립극장에서 공연하는 배우들의 '대사 발음 적기'가 방학숙제일 때도 있었습니다. 일본의 소프라노 사메지마 유미코(鮫島有美子)는 음악성에 앞서 일본어를 가장 우아하게 표현하는 성악가로 더 유명합니다. 일본인들의 국어 사랑 관심도의 한 예입니다.

그러나 우리나라에서는 방송 제작자와 아나운서들조차도 제도권에서 발음 교육을 받지 못했으니 표준어의 기본 기능인 '통용력' 외의 국민정신을 지배하는 '준법과 통일의 기능'이란 철학을 어찌 이해하며 절감할 수 있겠습니까? 인간은 의식주의 욕망이 채워지면 신분상승의 욕구가 발동하는데, 가장 확실하고 빠른 방법이 방송 출연입니다. 아나운서의 뉴스 결방(缺放)을 엔지니어가 막아준 상징적인 사고(事故)는 방송국 안팎에서 방송을 열망하는 '방송 마키아벨리스트'들이 많다는 산 증거로, 아나운서는 이런저런 누명으로 방송에서 밀려나기 시작하였습니다. KBS 아나운서실은 '국' 단위에서 '부' 단위로 추락했다 다시 '국'으로 부활(?)하는 등 사내의 질시로 인한 수난의 역사가 계속되면서 방송 참여가 축소되었습니다. 철없는 일부 아나운서들이 아나테이너로 변신하니까 이제는 아나운서의 본분을 잃었다고 비난합니다.

쉬운 방송이야 없겠지만 우선 TV보다는 라디오가 어렵습니다. 아나운싱의 기법 상 스트레이트 뉴스와 중계방송 그리고 시낭송이 가장 어려운데, 이름은 알려지지 않습니다. 상대적으로 앵커의 뉴스 멘트와 MC의 멘트가 쉬운 편인데, 모순되게도 명성은 이 분야에서 얻게 되어, 과대평가 받고 있지요. NHK처럼 출연자의 자질을 검증하는 선정위원회 같은 기구가 있어야 할 것입니다.

화가의 진면목은 데생력과 크로키로 알 수 있듯이, 서예에서는 '永'의 필법으로 판별됩니다. 아나운서의 실기시험이 진부한(?) '스트레이트 뉴스 멘트'로 출제되는 것은 21개의 다양한 모음의 소릿값과 속도감 있는 아나운싱에서 쉽게 방송 수준의 우열을 가릴 수 있기 때문입니다. '읽기'는 '말하기/adlib'를 위한 그림의 전 단계인 데생력과 같습니다."

1980년대 초 아나운서의 역사에서 있을 수 없는 큰 사건이 벌어졌다. 아나운서 최후의 보루였던 라디오 정오뉴스(25분)를 당시 TV 9시 뉴스 명앵커였던 최 모 씨가 갑자기 담당하게 되었다. 10분 스트레이트 뉴스는 5분 뉴스의 두 배 이상 힘들다는 아나운싱의 메카니즘을 아나운서 이외의 어느 방송인이 이해할 수 있겠는가. 역대 최고의 뉴스캐스터는 단거리(10분 이하) 뉴스에 장기범 아나운서, 장거리(10분 이상) 뉴스에는 전영우, 김승한 아나운서이다. 최 모 앵커는 6일 만에 하차하고 말았다.

우리나라 MC와 DJ의 출신은 ① 검증받은 아나운서 ② 간접 검증을 받은 가수·탤런트·코미디언 ③ 출신 미상의 검증 안 된 이른바 국민 MC 등이다. 국민학교가 초등학교로 이름이 바뀐 후부터 '국민' MC란 용어가 유행하였다. 프로그램의 성공 여부는 MC의 방송 능력에 달려있다는 것은 상식이지만, 거의 모든 국민 MC의 담당 프로그램은 구성상 이미 시청률을 확보해 놓은 경우가 많았다. 필자의 경우 이른바 국민 MC들의 다른 장르의 방송을 들어본 적이 없다. 현 방송인들의 끼는 재기(才氣)의 '끼'보다는 광기(狂氣)의 '끼'가 많다.

정통 방송의 틀이 깨진 시기는 '80년 초 신군부 세력의 집권 시절, 우민정책의 일환으로 국민의 눈과 귀를 TV에 묶어두기 위해 컬러 TV가 등장하면서 시작되었다. 이 무렵 시청률을 높이기 위해서 무소불위의 막말 외부 진행자들이 대거 등장하게 되었다. 당시 주연배우 같은 미남 고광수 아나운서가 〈전국노래자랑〉 사회를 맡게 되어 화제가 되었다. 그러나 고광수 아나운서는, 다른 프로인 귀순 간첩과의 인터뷰에서 쓴 고급 Joke인 '후기 인상파'같다는 표현 때문에 어처구니 없게도 노래자랑에서 하차하고 말았다. 이처럼 아나운서는 외부 방송인과 역차별 대우를 받았다.

이 무렵 외부 진행자에 대한 불만으로 시청자 상담실에는 국어를 사랑하는 시청자들의 항의전화가 빗발쳐, 아이로니컬하게도 그 방패막이로 탄생된 조직이 KBS 한국어연구회이다. 또한 시청자들에게 아나운서 시험의 공평성과 철저함을 증명이라도 하는 듯, 심사위원이 13명이나 되었는데, 코믹하게도 예비군 중대장도 끼게 되는 기이한 일도 있었다. 아나운서 시험 심사위원으로 기자, PD가 들어오게 된 동기이다.

몇 년 전 방송된 KBS 〈낭독의 발견〉은 성격상 낭독은 아나운서의 본령임에도 아나운서가 철저히 외면당했으며, SBS 〈그것이 알고 싶다〉의 Presenter 역을 그 오랜 세월 동안 왜 아나운서가 한 번도 참여하지 못 했는지 나는 그것이 알고 싶다.

KBS 남산 시절, 한가한 오후 낮 한때 아나운서실의 고급 잡담. "'아나운서의 음색은 금속성과 목성(木性)으로 대별된다.', 외부 인사의 진행을 보면서 '저 MC는 지나가는 아무 대학생이 맡아도 되겠다', '계절에 어울리는 악기. 봄에는 플루트, 여름은 트럼펫, 가을에는 바이올린, 겨울은 피아노', '코니 프란시스의 노을빛 음색', '나나 무스쿠리의 음색은 진주색', '팻 분의 솜사탕 같은 목소리', '짐 리브스의 벨벳 보이스', '노래하는 목소리'가 좋은 가수의 '말소리'는 반드시 좋지 않을 수도 있지만, '말소리'가 좋은 아나운서의 '노랫소리'는 항상 좋다." 이런 수다를 듣다 녹음을 했다.

미학자(美學者) 연사와 대담 중 "테너의 음색은 진홍색(Crimson)입니다."라는 명언을 들은 후부터 나는 방송 철학의 지평이 넓어질 수 있었다.

성경에 '중요한 것은 눈에 보이지 않는다.'고 하였다. 사람의 성대는 신이 내려주신 최고의 악기이다. 아나운서는 우리말을 연주(recital)하는 사람이다. 나는 아직까지 테너 플라시도 도밍고와 소프라노 조수미의 찬란한 음색처럼 잘생긴 미남 미녀를 볼 수 없었다. KBS 공채 탤런트 출신의 최불암은 방송언어 교육을 이수한 분으로 '차마고도'에서 모방할 수 없는 내레이션의 새로운 세계를 보여주었다. 전 국민 MC 황인용 아나운서와 현 국민 MC 이금희 아나운서의 내레이션은 개성미가 넘쳐흐르는 음악을 듣는 듯한 명품 방송이다.

국민 모두는 방송의 출연자가 될 수 있으나 진행자는 될 수 없다. 진행자의 조건은 우선 혐오감을 주지 않고, 모방할 수 없고, 반하게 하는 경지의 재능과 미감(美感) 또는 호감을 주는 아나운싱을 갖추어야 한다.

모든 예체능의 3단계의 황금률은 ① 수(守)-기본을 철저히 지킨다(방송인은 표준발음법 7장) 그러나 자기만의 개성미를 찾을 경우 ② 파(破)-깨뜨리는 듯 ③ 리(離)-벗어날 때이다.

"멋 떨어지다."는 파격의 미이다. 언어의 규범을 어기는 것이 마치 앞서가는 방송 풍투가 되어버린 현실에서, 일부 문외한들에게는 이런 엄정한 규범이 족쇄처럼 보일 수도 있을 것이다. 대체로 비뚤어진 우리말을 걱정하는 분들은 자신의 국어 지식에 어긋나는 것을 나무라는 수준이다.

후배들은 역대 아나운서 가운데 장기범, 전영우, 강영숙, 임국희 아나운서의 발라드풍의 말씨, 임택근, 이광재 아나운서는 행진곡풍의 언어 문화재를 창조하였다는 사실에 자긍심을 갖고 계승해야 한다. 언어는 인류 최초·최고의 문화재로 방송 언어가 거칠어지면 국민의 심성도 거칠어지고, 품위가 있으면 심성의 품격도 높아질 것이다.

필자의 은사로 일석(一石) 이희승 선생과 함께 당대 국어학계의 두 큰 어른이셨던 심악(心岳) 이숭녕 선생은 오늘날과 같은 언어의 혼돈 시대를 예견하신 듯, 만날 때마다 이 나라의 말은 아나운서들이 지켜야 한다고 당부하셨다.

아나운서 시대가 지나갔다고 하는데, 금년(2016년) SBS 아나운서 시험에 4,000여 명이 응시, 2명이 합격. 세계 어느 직장, 어느 직종의 경쟁률이 이와 같겠는가 이런 고급 인력들이 방송국에서 사장(死藏)되고 있다. 바이올린은 연주자에 따라 깡깡이(바이올린의 속칭)도 된다. 옥석이 가려지지 않는 한국의 방송 풍토에서 언제쯤 그레샴의 법칙은 사라질 것인가.

동화同化작용(assimilation)

– 한국어의 표기와 발음이 일치하지 않는 대표적 규범

"친구나 지인을 잘 사귀라"는 교훈은 서로가 닮아가기 때문이다. 언어에서도 두 음운이 이웃하였을 때, 어느 한쪽 또는 양쪽이 영향을 받아 같은 소리로 바뀌는 현상으로 모음동화와 자음동화가 있다. "비가 나리다.", "짐을 내리다." 처럼 자동사와 타동사로 분화되었던 동사가 모음동화작용으로 오늘날에는 '내리다'로 통일되었다. 서울의 대표적 사투리인 '안경→앤경', '호랑이→호랭이'같은 현상은 모음동화작용 때문인 바, 방송 언어에서는 큰 의미가 없어 자음동화만 다루기로 한다.

동일한 두 음이 이어질 때 '소파→쇼파', '수퍼→슈퍼'처럼 이중모음으로 바뀌는 현상은 단조로움에서 변화미를 찾는 심리현상으로, 동화의 반대 개념인 '이화(異化)현상'이 있다는 사실만을 밝혀 두고자 한다.

자음동화에는 '대통령→대통녕'처럼 앞의 음 '통'의 영향으로 다음 음절의 '령'이 '녕'으로 내려오면서 바뀌는 '순행(順行)동화'와 '신라→실라'와 같이 두 번째 음절의 'ㄹ'이 첫 음절의 'ㄴ'을 'ㄹ'로 거꾸로 영향을 주는 '역행(逆行)동화'가 있다. 그리고 '십리→십니'처럼 'ㅂ'과 'ㄹ'이 서로 영향을 주고받아 변하는 '상호(相互)동화'도 있다.

순행동화 예) 잠룡(潛龍)(대선 출마 예정 후보)[잠뇽], 종로[종노], 명령[명녕], 상견례[상견녜], 생산량[생산냥]

역행동화 예) 신록[실록], 권력[궐력], 천리[철리], 국물[궁물], 대관령[대괄령]

상호동화 예) 잡룡(雜龍)(여러 명의 대선 후보)[잠뇽], 협력[혐녁], 독립[동닙], 급류[금뉴], 백로[뱅노]

자음동화작용은 "한국어는 표기와 발음이 일치하지 않는다"는 명제를 대표하는 규범으로 인간의 '발음 경제'라는 편리 본능에서 연유한 것이다.

한글맞춤법 제1장 제1항 '한글맞춤법은 표준어를 소리대로 적되 어법에 맞도록 함을 원칙으로 한다.'는 규정은 국어의 맞춤법과 발음법의 대원칙이다. 즉 '사랑이, 사랑을, 바다가, 바다를'처럼 소리대로 적는 어휘는 표기대로 읽는 바 이를 '표음(表音)주의'라고 하며, '사람/사라미, 사라믈', '하늘/하느리, 하느를'과 같이 적으면, 뜻을 알 수 없으므로 소리대로 적지 않는 '형태주의/표의(表意)주의' 낱말은 표기대로 읽지 않는다는 정신이 담겨 있다.

이 규정을 사정할 당시 일부 심의위원들이 "국어학자들조차 쉽게 이해할 수 없으니 보완해야 한다."는 의견을 내놓았으나 국어학계의 한글 만능주의와 발음법 경시의 고질적인 풍토에서 수정 보완되지 못하였다.

필자뿐 아니라 국어에 관심 있는 언중이라면, '동화작용'하면 본능적(?)으로 '신라, 천리, 진로(참이슬의 옛 이름)' [ㄴ, ㄹ→ㄹ, ㄹ]이 떠오를 것이다. 역명 '선릉'을 [설릉]으로 잘못 부르는 것이 좋은 예이다. 필자가 지하철공사 교육원 교수였던 인연으로 1, 2호선 역명(驛名) 방송 원고 감수를 맡은 바 있는데, 녹음 현장 불참으로 인해 이와 같이 되었다.

한 때 방송에서 빈도수가 높았던 Ⓐ 유진룡(劉震龍)(전 문체부 장관)과 박근령(朴槿姈)(전 대통령 동생)은 어떻게 발음되었을까? 방송인들이 [유질룡], [박글령]은 육감적으로 어색하다고 판단되었는지 [①유지뇽/②유진뇽] [①박그녕/②박근녕]으로, ①과 ②가 2:8의 비율로 복수 발음되었다.

또 다른 예로 최윤락 아나운서의 이름은 [율락]보다는 [윤낙]이 자연스럽다. 오늘날 보이차와 와인 맛의 감별사가 필요하듯이, 이러한 경우에 대비해 현대 언어학에서는 표준어 지역에서 대대로 살아온 'native speaker'의 직관을 존중하라고 하였다.

'능(陵)'은 임금과 왕후의 무덤이다. Ⓑ 선릉(宣陵)(성종과 계비의 능)[선능], 태릉(泰陵)(문정왕후의 능)[태능], 동구릉(東九陵)(조선시대 9위의 왕능)[동구능]. Ⓐ와 Ⓑ의 예에서 각각 [농], [녕], [능]으로 발음되지만 형태주의 표기법에 따라 본음(本音)을 살려 '룡/龍', '령/姈', '릉/陵'으로 표기되는 바, '선(先)발음 후(後)표기'의 절차는 "모든 언어는 '말'이후에 '문자'가 생겼다."는 선언후문(先言後文)의 정신에 따른 것이다.

여담으로 '서울과 신라'의 지명 유래가 붓다의 초기 설법 무대와 인연을 맺고 있다는 사실은 매우 흥미롭다. 당나라의 고승 현장은 최초의 절 기원정사(祇園精舍)가 있는 사위성(舍衛城)/śrāvasti(슈라바스티)를 산스크리트어에 충실하기 위해 '실라벌성(室羅筏城)'이라 하였다. 여기에서 '서라벌(徐羅伐)'과 '서벌(徐伐)'로 분화되었고, 다시 서라벌(徐羅伐)은 사라(斯羅)→신라(新羅)로, '서벌'은 '셔블→서울'로 음운이 변화된 것이다. 종교를 떠나서 한국의 문화는 70% 이상이 불교문화라는 사실이 새삼스럽게 다가온다. 한자를 모르고 불교문화를 이해할 수 있을까.

뉴스를 말씀드리죠 / 드리겠어요

– 존댓말(아주 높임, 두루 높임) / 평대(平待) / 하대(下待)

존댓말은 종결어미의 표현에 따라 '존대/평대/하대'로 나뉜다. 평대는 대등한 관계이거나 절친한 사이, 하대는 손아랫사람에게 쓰는 말이다. 존댓말이 잘못 쓰이는 원인은 화자(話者)가 청자(聽者)를 파악하지 못하는 데서 나타난다. 즉 나의 윗사람은 '조금 높은 사람'과 '아주 높은 사람'이 있다는 것을 화자가 잊고 있기 때문이다.

필자가 며칠 전 동네에서 겪은 일이다. 나의 '아래 아랫사람'이 길을 묻기에 친절하게 안내해 주었을 때 돌아온 대답은 '아저씨, 고마워요!'였다. '㉠ 고마워요(+1)/㉡ 고맙습니다(+2)'에서 ㉠은 상대방을 나보다 1단계 위에 두고 말하는 '두루높임'이며, ㉡는 2단계 위에 청자가 있는 상황으로 '아주높임/극존칭'이라고 한다. 낱말로서 '–요/죠'와 '–습니다'의 차이는 알 수 없으나 실제 상황에 대입하였을 때, 비로소 느낄 수 있다.

또한 의문문일 때 '두루높임'은 '–요, 죠', '아주높임'일 때는 '–까?'이다. "어디 살아?"(하대/평대), "어디 사시죠?, 사세요?"(두루높임), "어디 사십니까?"(아주높임)처럼 말이다. 김대중 대통령 당시, 방송에 출연한 대통령께 정은아 아나운서는 "대통령께서는 젊은 시절에도 대식가셨습니까?"라고 명MC답게 어법에 맞는 질문을 하였다. 우리 속담에 '아'해 다르고 '어'해 다르다고 하였다. 만약 "젊은 시절에도 대식가셨나요?"라고 했다면 아주 틀린 말은 아닐지라도 품격에는 문제가 있지 않았겠는가? 방송 프로그램의 클로징 멘트에서 "안녕히 계세요."라고 할 수도 있으나 '존칭선어말어미(尊稱先語末語尾)'인 '시'를 붙여 "안녕히 계십시오."라는 표현도 할 수 있어야 한다. 우리나라의 진정한 국민 M.C 이계진 아나운서(2선 국회의원)는 함께 진행하는 여자 M.C에게 방송이 끝난 후 「안녕히 계십시오」라고 가르치곤 하였다. '요, 죠'는 자연스럽고 부드러우며, '습니다'는 딱딱하다고 오해하는 방송인이 많다.

① 신해철의 ㉠ '나에게 쓰는 편지'였어요. / ㉡ '나에게 쓰는 편지'였습니다.
② 베토벤의 ㉠ '로망스'였어요. / ㉡ '로망스'였습니다.
③ 오는 5월 9일에 ㉠ '대통령 선거'가 있죠. / ㉡ '대통령 선거'가 있습니다.
④ 뉴스를 ㉠ 말씀드리죠. / 말씀드리겠어요. / ㉡ 말씀드리겠습니다.

위의 예문에서 ①, ②, ③의 ㉠은 문법적으로 친밀성이 있다고 하지만, 정중한 맛이 없는 것은 물론 어색하기도 하며 ④의 ㉠은 있을 수 없는 어법이다. 필자의 사견으로 곡목을 소개할 때, 가요는 '요, 죠/습니다'를 복수종결어미로, 명곡은 '습니다'(아주높임)로 하는 것이 격조는 물론 자연스럽다.

또한 '요'가 연결어미인지 종결어미인지 분간할 수 없게 쓰이고도 있다. '오늘 서울지방은 오후부터 비가 내린다고 하는데요. 이번에 들으실 곡은 –입니다.'는 '–데요'가 종결어미라면 '합니다'로, 연결어미라면 '우산을 챙기시기 바랍니다.'라는 말이 이어져야 할 것이다. 그리고 특히 상대방의 말끝에 응대(應待)할 때, 두루 높임은 "네.", 아주 높임은 "그렇습니까." 하대(下待)는 "그래요."이다. 그런데 두루높임 이상의 경우 "그래요."로 하는 경우가 많다. 또한 씨(氏)는 존칭으로 잘못알고 있는 사람이 뜻밖에 많은데 평대/하대이므로 실수하는 경우가 많으며 동남부지역이 심한 편이다.

1960년대만 해도 초등학생이 등교할 때, 부모님들은 자녀에게 반드시 "학교에 다녀오겠어요."가 아니라 "학교에 다녀오겠습니다."라고 가르쳤다.

또한 자기의 생각이 불확실하거나 단정하기 어려울 때 쓰이는 '같아요'가 "맛있는 것 같아요./좋은 것 같아요."처럼 거의 모든 종결어미에 쓰이고 있다.

아나운서실에서 교양강좌를 마친 강사에게 필자가 "교수님께서는 말끝마다 '같아요'를 쓰시는 습관이 있으십니다."라고 지적했더니, "네, 아마 학교에서 학생들의 말투를 따라 '같아요'를 많이 쓰는 것 같아요."라고 하였다.

아무리 세상이 변하여도 변하지 않는 진리가 있듯이, 언어의 세계 역시 불변의 규범이 있는 법이다. 일본 NHK의 아나운서 교육 커리큘럼은 50년 전과 같다고 한다. 무면허 운전자의 차가 거리를 활주하는 도시는 상상할 수 없다. 방송 언어 교육을 단 1시간도 받지 않은 방송 진행자의 방송 참여가 아무렇지 않게 받아들여지고 있는 방송 풍토의 적폐(積幣)는 과연 언제쯤 청산될 수 있으며, 가능하기는 한 것일까?

아무리 방송이 하고 싶다 하더라도 모든 국민이 방송의 출연자는 될 수 있으나 아무나 진행자가 될 수는 없는 법이다. 이번 글 문제의 근본적인 해답은 현명한 독자 여러분에게 맡기며, 한 번쯤 짧은 시간이라도 진지하게 생각해주시기를 바라는 바이다.

수사數詞[수: 사] / 수: 관형사

– 서:수사(序數詞 '2: / 4: / 5: ' 양수사(量數詞) '둘: / 셋: / 넷: / 열: / 만:'은 장음이다

'수:사'에는 수:량을 뜻하는 '양수사'와 차례를 나타내는 '서수사'[서:수사]가 있다. 그런데 '만:(萬)' 같은 '양수사'도 '만: 명'처럼 명사를 수식하면 '양 수:관형사'가 되므로 구분하지 않고 '수:사'라 하는 경우가 많다. 그리고 '수:사'에는 정해진 수:량을 뜻하는 '정수(定數)' [정:수]와 정해지지 않은 '부정수(不定數)'가 있다.

수:사를 도표로 요약해본다.

量數:詞
- **定:數**: 하나, 둘:, 셋:, 넷:, 열: … 쉰:, 一, 二:, 三, 十, 百, 萬:
- **不定數**: 두: 셋, 서 넛, 너 덧(넷가량), 너더댓(넷이나 다섯), 대: 여섯(다섯이나 여섯), 여 남은(열 남짓한 수), 몇, 여럿

序:數:詞
- **定:數**: 첫째, 둘:째, 셋째, 넷:째 … 열:째, … 스무째, … 第:一, 第:二:, 第:三, 第:四:, 第:五: … 第:十
- **不定數**: 한 두:째 두: 셋째 너 댓:째(넷:째쯤) 너더댓:째(넷:째나 다섯째), 대: 여섯째(다섯이나 여섯째) 여 남은째(십여째), 몇째

수사의 표현이 다양하면서 복잡하다. 그러나 모든 언어에서 불규칙동사를 인정해야 하듯이 수사 또한 한국어의 특징으로 받아들여야 하며 '은근함이 한국의 미'라 했듯이 '부정수'에서는 우리말 만의 운치를 느낄 수도 있을 것이다. 표준 발음법 제1장 제1항은 '표준 발음법은 표준어의 실제 발음을 따르되 ㉠ 국어의 전통성과 ㉡ 합리성을 고려하여 정함을 원칙으로 한다.'로 되어 있다.

'서:수사'에서 '2: , 4: , 5:'가 장음인 이유는 ㉠ 국어의 전통성으로 해석된다. 또한 '양수사'에서 '萬:'은 성조(聲調)가 장음이다. 그리고 '하나[♪♪]', '두울[♪♪]/둘:', '세엣[♪♪]/셋:', '네엣[♪♪]/넷:', '다섯[♪♪]', '여섯[♪♪]', '일곱[♪♪]', '여덟[♪♪]', '아홉[♪♪]', '여얼[♪♪]/열:'처럼 '2음절'로 통일하다 보니 단음절인 '둘:/셋:/넷:/열:'이 장음이 된 바 ㉡ 합리성으로 풀이된다. 이는 국어학자들이 규정한 것이 아니라 오늘날의 언중(言衆)보다 일상 언어생활을 중시했던 과거 우리 선조들의 작품(?)이라 하겠다.

숫자 읽기에서 10[십(○)/일십(×)], 100[백(○)/일백(×)], 1,000[천(○)/일천(×)], 10,000[만(○)/일만(×)], 10,000,000[천만(○)/일천만(×)]까지는 '1'이 생략되고, 그 이상의 수에서는 억[일억(○)/억(×)], 조(兆)[일조(○)/조(×)], 경(京)[일경(○)/경(×)]으로 읽는 규범은 ㉠ 국어의 전통성으로 해석된다. 참고로 불교에서는 숫자상으로 가장 높고 추상적인 겁(劫/천지가 개벽한때부터 다음 개벽할 때까지의 동안) 아래의 수(數)를 불가사의(不可思議)라고 하는데 오늘날에는 「세계의 7대 불가사의」처럼 인간이 헤아릴 수 없는 일이라는 뜻으로 쓰이고 있다.

모음 'ㅣ:/ㅕ:/ㅟ:'가 긴소리일 때는 장고모음(長高母音)(장음+고모음: 다음 번 글에서 설명)이라고 하는데, 학계에서 [열:]은 유일한 '단순 장음'의 예로 인용되고 있다. 전에 〈아나운서저널〉에서 모 아나운서가 '열'이 단음임을 강조한 바 있는데, 1961년도 필자의 첫 방송이 '10시 콜사인'이었던 바 독자의 혼동을 없애주기 위해 이는 KBS 아나운서실의 전통 발음임도 밝혀둔다.

수 관형사의 쓰임을 이계진 아나운서의 글로 정리해본다.

명(名) : 일 명을 모집합니다(조금 이상함), 한 명을 모집합니다(자연스러움)
십오 명이 합격됐습니다(그런대로), 열다섯 명이 합격됐습니다(더 좋음)

개(個) : 일 개, 이 개, … 구 개, 십 개(×) / 한 개, 두 개, … 아홉 개, 열: 개(○) 삼십오 개 동(△) / 서른다섯 개 동(○)

시간 : 일 시간, 이 시간(×) / 한 시간, 두 시간(○)
이십사 시간(△) / 스물네 시간(○)

세(歲) : 스무 세, 여든 세(×), 이십 세, 팔십 세(○)

십(十)단위 : 칠십 아홉, 팔십 다섯(×) / 칠십구, 팔십오(○)

척(隻)(선박의 단위) : 일 척, 이 척, 삼 척(×) / 한 척, 두 척, 세 척(○)

근 : 삼 근 사 근(×) / 세 근, 네 근(△) / 서 근, 너 근(○)

돈 : 삼 돈 사 돈(×) / 세 돈, 네 돈(△) / 서 돈, 너 돈(○)

이계진 아나운서는 '조금 이상함, 자연스러움, 그런 대로, 더 좋음'이라며 말의 느낌을 강조했는데, 표준어의 조건은 통용력(通用力)과 함께 '듣기 좋은 말'이라는 조건 역시 무시할 수 없음을 강조하고 싶다.

'한평생 누린 나이/향년(享年)'의 쓰임에서 50대와 60대는 100세의 장수(長壽)시대에는 그 말이 어울리지 않는다. 그리고 '한국이 일본에 2:3으로 석패(惜敗)'라는 스포츠 기사는 큰 숫자가 앞으로 오는 '3:2'가 자연스럽다. 음력의 달 표현으로 '1·2월/정이월, 11월/동짓달, 12월/섣:달, 11·12월/동지섣:달'에서 후자가 정감이 간다. '오뉴월'은 5월과 6월을 가리키는 게 아니라 더위가 한창 심한 염천(炎天)을 뜻한다. 또 '114[이릴사(×)/일릴사(○)](절음법칙), 119[이릴구(×)/일릴구(○)](절음법칙)' 그리고 '0'은 숫자일 때 [영], 기호일 때는 [공](예: 0.01[영쩜영일]/010[공일공])이다.

이번 글에서 한글 전용의 애국심으로는 글을 쓸 수 없었음을 밝혀둔다. 언어는 변하므로 '서너 명/서너 개'를 '세네 명/세네 개'라고 독선에 빠져 있는 독자들은 이 글을 옛날 문법이라고 치부하여 자신의 생각을 합리화할지도 모른다.

장단음은 한국어 발음의 황금률

– 장고(長高)모음 / 반(半)장음 /
동형이의어(同形異意語) / 동형이음어(同形異音語) / 동음이의어(同音異意語)

표준발음법이 모두 7장으로 구성되어 있지만, 실제 방송 현장에서는 장단음의 비중이 6장을 합한 것보다 높기 때문에 아나운서 세계에서는 '표준발음법' 하면 '장단음'만을 주로 떠올리고 있다.

아나운서들이 대체로 등한시하고 있는 장고모음에 관하여 먼저 설명하고자 한다. 발음은 성대와 혀, 그리고 입술에 의해서 이루어지는데, 혀의 위치에 따라 그려진 그림이 모음사각도(母音四角圖)이다. 발성 직전의 혀의 위치를 조음점(調音點)이라고 하는데, 조음점이란 사격에서 발사 직전의 손가락의 상태라 할 수 있다.

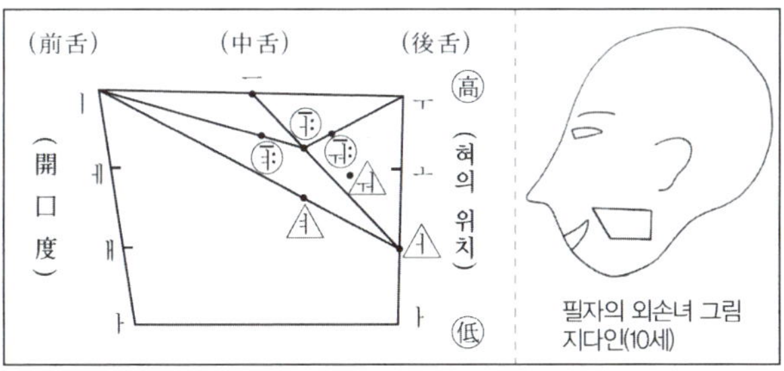

필자의 외손녀 그림 지다인(10세)

왼쪽의 모음사각도에서 개구도·전설·중설·후설·고저는 입을 벌린 정도와 혀의 위치를 나타낸 것이다. 장고모음이라는 어원은 '장음+고모음'의 준말로 모음 'ㅓ̄:/ㅕ̄:/ㅝ̄:'의 조음점이 'ㅓ/ㅕ/ㅝ' 보다 높은 경우를 일컫는다. 국제음성기호(IPA, International Phonetic Alphabet)로 표시하면 'ㅓ[ɔː]/ㅕ[jəː]/ㅝ[wəː]'다. 어른[어̄:른], 여론輿論[여̄:론], 원대遠大[원̄:대] 같은 어휘로,

단순장음에 비해 어감의 품격이 좀더 높은 점이 특징이다. 즉 [어:른]의 [ㅓ:]는 [ㅡ]보다 낮고 [ㅓ]보다 높은 음이다.

장고모음에 붙인 하이픈(hyphen)은 김상준 박사와 필자의 공저인 『표준한국어발음사전』에 단순장음과 구별하기 위해 시도한 것이다. 영어에서도 국어의 장고모음과 정확하게 일치되지는 않지만 근사치의 발음으로 earth[ə:rθ]/year[jə:r]/word[wə:rd]가 있는데, 조음점이 모음사각도의 중앙에 있다 하여 중앙모음(central vowel)이라고 한다.

아나운서들이 장단음을 흔히 '자고저(字高低)'라고 하는데, 이는 한자의 고저성조(高低聲調)를 상식으로 알고 계셨던 해방 후 대선배님들의 도제교육(徒弟教育)에서 비롯되었을 것이다. 그러나 정확히 표현하자면 '음의 고저'라고 해야 할 것이다.

표준발음법 제3장 제6항에 '단어의 첫 음절에서만 장음을 인정하며, 선남선녀(善男善女)[선:남선:녀]같이 같은 음이 중첩되는 경우 2음절 다음에도 장음을 인정한다.'로 되어 있다. 그러나 방송 현장에서는 '첫눈에 반하다/첫눈•이 내리다'처럼 2음절 아래에서도 장음으로 발음하고 있다. 필자의 졸저 『표준한국어발음사전』에서는 합성어의 경우 '한:국방•송공사'처럼 2음절 아래의 장음은 부자연스러워 점 하나인 반 장음 [•]으로 하였음을 밝혀둔다.

장음의 특별한 예를 들어본다, 단음절의 어간이 모음으로 시작되는 어미와 결합되면 짧게 발음된다. '알다[알:다]→알아[아라]/살다[살:다]→살아[사라]' 또한 피동·사동형도 짧게 발음된다(안다[안:따]→안기다[안기다]/알다[알:다]→알리다[알리다]). 예외도 있다(작다[작:따]→작아[자:가], 웃다[욷:따]→웃어[우:서]). '작다[작:따]'는 '크다', '적다[적:따]'는 '많다'의 반대어이다. 단음인 '적다'는 '글을 쓰다'라는 뜻이다. 그런데 '셋째 작은[자근] 아버지', '작은[자근] 아들·딸', '작은[자근] 며느리·사위'처럼 서열(序列)이 둘째 이하라는 뜻에서는 단음(短音)으로 변이음(變異音)이 된다는 특이한 음운현상을 밝히는 바이다.

끝으로 흔히 '혼동'과 '혼돈'이란 말을 혼동하듯이 동음이의어(한글 표기와 발음은 같으나 뜻이 다름)와 동형이의어/동형이음어(한글 표기는 같으나 발음과 뜻이 다름)를 혼동하고 있어, 예를 들어 설명하려 한다.

동음이의어 / 同音異意語

신사(新沙)역(서초구)/신사(新寺)역(은평구), 차(車)/차(茶), 샘:(泉)/샘:(질투), 선도(鮮度)/선도(先導), 동:화(同化)/동:화(童話), 형(形/STYLE/피라미드~)/형(型/TYPE/새로운~의 자동차)/동문(同門/~의 선배)/동문(東門), 사:전(事典, 백과~)/사전:(事前), 공론(空論, 공리~)/공론(公論, 일반의 여론)

동형이의어 / 同形異意語 / 同形異音語 / 쌍둥이말

가:마(새색시~)/가마(도자기~)/가마(~솥)/가마(쌀~)/가마(머리 위의~), 걷다[걷:따](산책길을~)/걷다[걷따](회비를~), 감:사(感謝)/감사(監査·監事), 광:주(廣州)/광주(光州), 구:실(핑계)/구실(역할/사내~), 무:력(武力)/무력(無力), 무:산(霧散)/무산(無産), 방:화(放火)/방화(防火), 부:정(否定)/부정(不正·不定·不淨·不貞·父情), 성:인(聖人)/성인(成人), 유:(柳)/유(劉·俞), 잇:다[읻:따](남북철도를~)/있다[읻따](희망이~)/잊다[읻따](은혜를~)(발음표기상의 쌍둥이말), 정:(鄭)/정(丁), 조:(趙)/조(曺)(중국은 조조(曹操), 한국은 조수미(曺秀美), 조국(曺國)처럼 성씨의 획수가 하나 적다.), 환:영(幻影)/환영(歡迎)

위와 같은 발음의 규정을 지키지 않아 사어(死語)가 될 경우 어찌 고급 한국어의 구사를 기대할 수 있겠는가? 필자가 언어 현실에서 필요한 동형이의어를 조사한 결과 뜻밖에도 불과 약 700쌍(1600여 단어)으로 나타났다. 언어는 언중(言衆) 사이의 약속이다.

부사副詞는 언어의 조미료이다

– 부사 '완전'밖에 없는 현실이 안타깝다

부사(副詞)(副: 다음)는 명사 다음으로 어휘가 많은 품사라는 뜻이 아닐까? 평소 필자의 생각이었다. 한 조사에 의하면 부사의 어휘가 뜻밖에도 1,200여 개에 이를 정도로 풍부하다.

우리나라의 전 연령층에서 '완전 춥다/좋다/맛있다'라고 한다. 외국인이 한국어를 배우기가 훨씬 수월해졌다. 한국어에는 한 가지 부사밖에 없게 된 현실이 아닌가.

손남익 교수(강릉원주대)는 "우리말의 매력과 장점은 부사 덕분이며 부사가 다양해야 감정이나 모양의 미묘한 차이를 표현할 수 있다."라고 하였다. 1980년대에는 '굉장히'가 단일 부사로 '굉장히 예쁘다/작다/좋다'처럼 쓰였다. 당시 방송 진행자들의 애용(?) 횟수를 조사해 보았더니 10초에 3번, 심지어 5분에 20여 번이나 되었다.

'완전'이 부사로서 문법과 어법상 어긋나는 점은 다음과 같다.

1) 영어에도 'Well/Better/Best'처럼 원급(原級), 비교급, 최상급이 있어 상태와 정도를 나타내고 있는데 '완전'은 최상급이다.

2) 부사는 언어의 맛을 내게 해주는 조미료와 같다. 음식의 조미료는 고춧가루/후춧가루, 고추장, 된장, 국간장, 양조간장, 소금, 참기름, 깨, 식초 등 다양하다. 겨울철의 별미인 메밀묵에는 들기름, 북어국에는 참기름, 갈비탕에는 국간장, 설렁탕에는 소금이 들어가야 제 맛을 낼 수 있을 것이다. 단조로운 부

사 '완전'의 언어생활 태도는 음식의 참맛을 모르고 사는 삶과 같다 하겠다.

3) '완전'을 어린이가 썼을 경우, 가정교육이 떠오르고, 청소년과 중년의 경우는 품위가 없고 경박해 보이며 노년층에게는 세월을 헛살아온 듯 하여 딱한 생각 드는 것이 필자의 사견이다.

4) 과다한 조미료의 사용은 음식의 맛에 역효과를 주듯이 필요 이상 '완전'의 빈도수에서는 역겨움을 느끼게 된다. 또한 상대의 말에서 언제 '완전'이 튀어(?) 나올까를 생각하게 되어 메시지 전달에 방해 요소가 되기도 한다.

'완전'의 '대체 부사'로는 어떤 어휘가 있을까? 이제는 거의 사어(死語)가 되어버린 '정말, 아주, 꽤, 훨씬, 상당히, 대단히, 퍽, 썩, 무척, 엄청나게, 조금, 매우, 참, 적잖이, 약간, 제법' 등이다. 품사 중 부사 한 가지가 이러할진대 그 밖의 한국어의 현실은 불문가지(不問可知)이다.

방송 진행자들은 언중(言衆)에게 마땅히 언어의 모범을 보여주어야 한다. 그런데 방송인 중에 방송 언어 교육을 받은 아나운서 또는 아나운서 출신 프리랜서는 극소수에 불과하다. 지금은 사어(死語)가 된 「과연, 정말로」라는 부사 「짜장」을 아는 사람은 드물다. 그러나 이 뜻을 아는 어느 방송 진행자가 프로그램에서 이 말을 쓴다면 아주 쉽게 초등학생부터 배울 수 있을 것이다. 음감이 현대적이기 때문이다. 방송 진행자는 이상한 언행으로 시청자를 웃길 것이 아니라 국어에서 모범을 보이면서도 재미있게 진행할 수 있는 능력이 있어야 하는 것이다.

국민의 음성 언어 수준은 방송 언어 수준과 닮아 있기 마련이다. 방송에서 아나운서 기피 현상은 KBS의 남산 시절부터였다. 그 한 예가 전문 MC 10명 모집이었는데, 완전(?) 실패하였다. 방송 야사로 남기고 싶다.

1980년대의 단일 부사 '굉장히'가 '완전'으로 바뀐 지속적인 기이한 현상은 바로 방송 적폐로 방송 간부, 제작자, 진행자 모두의 책임이다.

KBS 전직 모(某) 사장의 20여 년 전 신문 특별 기고문이 떠오른다. "방송의 개혁은 쉽지 않다는 것을 방송인들 자신도 알고 있기 때문에 더욱 어렵다."는 의미심장한 글이었다.

근자에 방송 진행자 블랙리스트 가운데 아이로니컬하게도 필자의 눈에는 애초부터 방송 진행자로서 부적격자였던 '가짜 안중근'과 '가짜 유관순' 같은 사람도 보였다. 현재 사회 각 분야에서 과거 어느 정부에서도 볼 수 없었던 적폐청산이 혁명적(?)으로 벌어지고 있다. 차제에 참으로 모처럼 방송계에도 작은 변화라도 있기를 기대해본다. 부사는 언어에 맛을 더해주어 참맛을 느끼게 해주는 조미료와 같다. 음미(吟味)는 사물의 속 내용을 새겨서 맛보는 것이다. 인간은 몸과 마음으로 쾌감(快感)과 미감(美感)을 느끼며 사는 존재이다. 음미하지 않은(Unexamined) 삶은 100년을 살아도 헛사는 인생이라는 소크라테스의 말이 떠오른다.

받침의 발음 / 말음(末音)법칙

받침 'ㄲ, ㅋ, ㅅ, ㅆ, ㅈ, ㅊ, ㅌ, ㅍ'은 어말(語末) 또는 자음 앞에서 대표음 [ㄱ, ㄷ, ㅂ]으로 발음한다(예: 닦다[닥따], 웃다[욷:따], 덮다[덥따]).

겹받침 'ㄳ, ㄵ, ㄼ, ㄽ, ㄾ, ㅄ'은 어말(語末) 또는 자음 앞에서 대표음 [ㄱ, ㄴ, ㄹ, ㅂ]으로 발음한다(예: 넋[넉], 앉다[안따], 넓다[널따], 외곬[외골], 핥다[할따], 없다[업:따]). 다만 '밟'은 자음 앞에서 [밥:]으로 발음하고 '넓'은 다음 경우 [넙]으로 발음한다.

(1) 밟다[밥:따], 밟고[밥:꼬], 밟는[밤:는]

(2) 넓죽하다[넙쭈카다], 넓둥글다[넙뚱글다]

받침 'ㄼ'은 여덟[여덜], 짧다[짤따]처럼 [ㄹ]로 발음하는데, '밟다'만은 밟지[밥:찌]처럼 예외적으로 [ㅂ]과 장음으로 발음한다. '넓다'의 경우에도 [널따]처럼 'ㄹ'로 발음하나 합성어의 경우 넓적하다[넙쩌카다]처럼 'ㅂ'으로 발음한다.

겹받침 'ㄺ, ㄻ, ㄿ'은 어말(語末) 또는 자음 앞에서 [ㄱ, ㅁ, ㅂ]으로 발음한다(예: 맑다[막따], 젊다[점:따], 읊다[읍따]). 다만 용언의 어간 말음 'ㄺ'은 'ㄱ' 앞에서 [ㄹ]로 발음한다. 즉 맑게[말께], 묽고[물꼬], 얽거나[얼꺼나]로 활용되는데, '밝다, 긁다'도 함께 이미의 활용 이론에 앞서 외국어의 불규칙동사처럼 이우는 것이 바람직하다.

받침 'ㅎ'은 'ㄶ, ㅀ' 뒤에 'ㄱ, ㄷ, ㅈ'이 결합하는 경우에는 [ㅋ, ㅌ, ㅊ]으로 발음한다(예: 놓고[노코], 많고[만:코], 좋던[조:턴], 않던[안턴], 닳지[달치]). 그리고 'ㅎ/ㄶ, ㅀ' 뒤에 모음으로 시작되는 어미나 접미사가 결합하는 경우 'ㅎ'을 발음하지 않는다(예: 낳은[나은], 많아[마:나], 싫어[시러]).

'ㄱ, ㄷ, ㅂ' 다음 'ㅎ'이 오는 경우 [ㅋ, ㅌ, ㅍ]으로 발음한다(예: 국화[구콰], 정직하다[정지카다], 맏형[마텽], 입학[이팍]).

겹받침이 모음으로 시작하는 어미와 결합하는 경우 뒤의 받침만을 제2음절 첫소리로 발음한다(예: 없어[업:써], 젊어[절머], 앉아[안자], 닭이[달기], 흙을[흘글], 값을[갑쓸]). 이러한 발음의 전거(典據)는 표준발음법 제1장 총칙 제1항 「표준발음법은 표준어의 실제발음을 따르되 국어의 전통성과 합리성을 고려하여 정함을 원칙으로 한다.」에서 국어의 전통성에 따른 것이라 하겠다.

요즘 아나운서들조차도 명사 '닭'과 '흙'의 격변화(格變化)에서 [다기], [흐글]로 발음하는 경향이 있다. 물론 '통닭을'의 표준 발음도 [통달글]이다. 그러나 '흙 위'는 [흘귀]가 아닌 [흐귀]이다. '닭이', '흙을'에서 '닭'과 '흙'은 뜻이 있는 실사(實辭)이며 '이'는 뜻이 없는 허사(虛辭)이기 때문에 연음(連音)법칙이 적용되었지만 '흙'과 '위'는 같은 실사이기 때문에 절음(絕音)법칙으로 '흐귀'가 된다.

'맛있다/멋있다'에서 '맛/멋'과 '있다'가 같은 실사이기에 두 낱말을 동격으로 존중하여 발음하므로 [마딛따/머딛따]가 원칙이나 현실 발음을 고려하여 [마싣따/머싣따]도 허용하는 복수 발음이 되었다. '값어치'에서 '어치'는 '값에 해당하는 정도'라는 뜻의 실사이므로 두 낱말을 동격으로 발음하는 절음법칙을 적용하여 [갑써치]가 아닌 [가버치]이다.

한국어의 억양과 악센트

사람의 말은 걸음걸이에서 기복(起伏)이 없이, 평지를 처음과 끝이 같은 높이로 걸을 수 없듯이 자연히 높낮이와 강약의 리듬을 동반하게 된다. 또한 화자(話者, Speaker)의 의도와 감정이 표현될 때 어느 한 구절을 강조하려면 억양이 생기게도 된다. 그리고 각 어휘의 장단음과 무거운 음절(Heavy syllable)과 가벼운 음절(Light syllable)에 의해 붙게 되는 악센트(Accent)가 억양을 만들어 주기도 한다. 무거운 음절이란 첫음절의 'ㅁ/ㅇ'같은 받침을 뜻한다.

한국어의 음성학적 연구는 국내외의 학자들에 의해 높은 수준에 이르렀음에도 불구하고 국어발음의 생명인 장단음과 더불어 억양에 관한 연구는 거의 없는 상태이다. 억양은 조음기관(調音器官)이 물리적으로 직선 진행의 발음이 불가능한데서 자연발생적으로 나올 수밖에 없는 가락(Melody)이다. 또한 모든 말이 지닌 본래의 뜻 이외의 생각을 나타내기 위하여 화자가 음성의 장단과 강세(Stress), 리듬(Rhythm), 속도(Tempo), 목소리의 음질(Voice quality)을 표현했을 때 복합적으로 나타나는 말의 선율이다. 먼 산의 스카이라인(Skyline)에 비유할 수도 있다. 능선에서 우뚝한 주봉(主峯)은 한 문장에서 화자가 가장 강조하는 부분으로 볼 수도 있다. 이 글에서는 문장의 끝에 나타나는 억양에 관해 언급하고자 한다(이응백 교수의 글 참고).

억양은 크게 세 가지인 강조(降調)/내림조(↘), 승조(昇調)/오름조(↗), 평판조(平板調)/수평조(→)로 나뉘며 다시 여섯 가지로 세분된다.

1) 전강조(全降調)/내림조(↘)

ㄱ) 선언: 이것은 나의 볼펜이다.(↘)
참 좋았다.(↘)

ㄴ) 명령: 어서 물러가!(↘)
계속해(↘)

ㄷ) 의문사(疑問詞)가 있는 의문문: 그는 왜 이민을 갔을까?(↘)
언제 귀국하셨습니까?(↘)

의문사: 누구, 어디, 언제, 어떻게, 왜 등

2) 반강조(半降調)/반내림조

ㄱ) 선언 또는 시사(示唆): 그가 옳다고 생각합니다.
그녀가 좋아 할지도 모릅니다.

ㄴ) 명령: 어서 식기 전에 먹어라
다시 그런 짓을 해서는 안 돼.

ㄷ) 의문사(疑問詞)로 시작되는 질문: 무슨 색깔을 좋아하십니까?
어디에서 잃어버린 것 같으냐?

3) 전승조(全昇調)/모두 오름조(↗)

ㄱ) 그렇다, 아니다로 대답할 수 있는 질문: 아시겠습니까?
생선회를 좋아하십니까?

ㄴ) 반복질문: 어느 동네라고 그랬지?
결혼은 내년에?

ㄷ) 항의적 명령: 이제는 단념하라니까?

ㄹ) '…라고 했는데 왜'란 뜻이 포함된 진술: 건강 진단 결과는 잘 나왔단 말이지?
오늘까지 돌아온다고 했지?

4) 반승조(半昇調)/반오름조

안녕하십니까?

혈색이 좋으십니다?

5) 강승조(降昇調)/내리오름조(↷)

ㄱ) 협조적 명령, 노파심적 경고: 얕잡아 보면 안 돼.(↷)

감기 조심해라.(↷)

6) 평판조(平板調)(→)

ㄱ) 미결판의 진술: 가지 않아도 될지 모르겠습니다.(→)

포기해야지 뭐!(→)

ㄴ) 진술의 잠정적 멈춤: 그가 그 일을 맡는다.(→)

한국어에서 악센트는 영어와 일본어에 비교하면 상대적으로 쉬운 편이다. 영어의 경우 understand[ʌ̀ndərstǽnd]에서처럼 제2악센트가 첫음절에 제1악센트가 오히려 뜻밖에도 뒤에 오기도 한다. 또한 present[pŕeznt]/현재, present[prizént]/선물하다, désert[dézərt]/사막, dessert[dɪzɜːrt]/후식(後食)처럼 악센트의 전후에 따라 뜻이 달라지기도 한다. 일본 NHK 국제방송국의 한국인 출신 모 일본어 아나운서가 법정에서 증인을 섰을 때 '선서(宣誓)'라는 발음이 '선생(先生)'과 비슷한 악센트여서 화제가 된 적도 있었다. 국어에 악센트가 있다는 사실조차 모르는 초·중·고등학교의 교사가 대부분이다. 우리나라의 국어교육은 음성언어교육을 무시한 문자언어 일변도(一邊倒)의 교육이다. 외국인의 올바른 한국어 교육은 상상하기 조차 어렵다. 국어의 악센트 규칙은 공식적이며 간단명료하다.

'오늘은 쉬고 싶어 일찌 귀가 하겠습니다.'

위의 문장에서 다른 음절에 비해 강조하고 싶은 음절을 의도적으로 표현하는 문장 속의 악센트도 있으나 이 글에서는 어휘 중심의 악센트 규칙을 설명하고자 한다.

ㄱ) 장음(長音)의 음절에 악센트가 붙는다

사:람, 방:송, 거:리, 경:기, 농:담, 단:정(斷定), 도:청(道廳), 단:음(短音), 무:력(武力), 면:직(免職), 방:문(訪問), 배:우자(配偶者), 부:정(否定), 사:과(謝過), 사:기(士氣/史記), 사:상(思想), 선:행(善行), 양:성(養成), 연:기(演技), 자:문(諮問), 자:수(刺繡), 자:원(資源), 차:관(借款), 창:조(創造), 창:법(唱法), 처:형(處刑), 타:율(打率), 타:종(打鐘), 타:파(打破), 피:해자(被害者), 파:장(罷場), 한:식(韓食/式), 향:수(鄕愁), 현:장(現場)

ㄴ) 단음(短音)의 두 번째 음절에 악센트가 붙는다

가정(家庭), 개성(開城), 고가(高架), 나라(國家), 노동(勞動), 나비(蝶), 대구(大邱), 도장(圖章), 매장(埋葬), 모자(帽子), 무력(無力), 부장(部長), 부하(部下), 배우(俳優), 사고(思考), 사기(詐欺), 사장(社長), 우수(優秀), 여신(女神), 자수(自首), 재기(才氣), 자기(自己), 차관(次官), 차도(車道), 토담, 투신(投身), 포도(葡萄), 파전, 푸념, 호남(湖南), 화제(話題)

ㄷ) 경음(硬音)/된소리와 격음(激音)/거센 소리 앞에 악센트가 붙는다

이끼, 어깨, 부뚜막, 소뿔, 아저씨, 쥐똥, 아주까리, 알쏭달쏭, 알짜, 알찌개, 바퀴, 아픔, 사탕, 베틀, 시치미, 가르치다, 가리키다, 주책, 주축(主軸), 주창(主唱)

ㄹ) 단음(短音)이라도 무거운 음절(Heavy syllable)에는 악센트가 붙는다(무거운 음절: 첫음절의 'ㅁ', 'ㅇ'같은 받침)

감사(監事/査), 감상(鑑賞), 강변(江邊), 농담(濃淡), 농구(籠球), 농성(籠城), 단기

(檀記), 동경(東京), 상하(常夏), 문화(文化)

ㅁ)무거운 음절이라도 연음(連音)이 되면 2음절에 악센트가 붙는다

공업(工業), 공연(公演), 공인(公人), 잉어, 동양, 당일, 당연

ㅂ)한 어휘 중 무거운 음절이 없으면 맨 끝에 악센트가 붙는다

기러기, 외마디, 그러나, 비바람, 소나기, 고사리, 고구려, 바가지, 주머니, 보자기, 부도덕

한국어의 어휘는 첫음절이 장음으로 시작되거나 무거운 음절(ㅁ,ㅇ)이 오는 경우가 많아 대체로 첫음절에 강세(强勢)가 붙는다. 또는 문장의 끝에 오는 억양도 질문하는 문장 외에는 하강조(下降調)의 경향을 보이고 있어 한국어는 대체로 선강후약(先强後弱)의 리듬을 띄는 언어라 할 수 있다. 한국어와 영어의 억양의 성질이 다르지만 영어의 문장 끝 억양인 uptalk와 upspeak는 상식이 되었으나 뜻밖에도 거부감을 보이는 재미있는 통계가 있어 젊은 독자들을 위해 이 글의 말미에 덧붙이고자 한다.

미국 직장의 관리자 700명은 upspeak 억양으로 말하는 사람에 대해 '자신감 결여나 불안한 사람으로 보인다.'는 통계가 85%나 되며 이 억양을 들으면 '짜증이 난다.' 70%, '업무능력에 대해 문제가 있을 것 같다.' 57%, '면접시험 때 감점을 주겠다.' 44%였다는 통계 사례가 있다.

uptalk억양의 원조(元祖)는 영국, 호주, 뉴질랜드로 1980년대부터 미국 서부에서 급속히 유행하면서 모든 영어권 국가의 보편적 억양이 되었으나 미국 영어의 음성언어(Spoken Language)으로서의 이러한 현실에 대해 걱정을 하는 건전한 양식인(良識人)이 있다는 미국의 언어풍토가 부러울 뿐이다.

한국어의 발음 장애성(障碍性) 어휘

국어학에는 발음 장애성 어휘란 용어가 없다. 그러나 아나운서 세계에서는 이 말이 통용되고 있다. 외국인이 한국어를 배울 때 모음에 비해서 자음이 더 어렵다고 한다. 그러나 우리 언중(言衆)들은 자음에 비해 모음의 소릿값 내기가 어려우며 아나운서 세계에서도 마찬가지이다. 방언(方言)은 어느 한 지역의 말이란 뜻으로 당연히 서울방언도 있다. 500년이란 오랜세월의 왕도(王都)였던 서울방언은 음성(陰性)언어의 어두운 어감(語感)을 품위 있는 음운(音韻)으로 받아들였다. 임금님의 언행(言行)표현 중 '거:동(擧動)', '잡수시다'를 '거:둥', '접수시다'로 하였다. 그리고 '어:른→으른, 하고한날(많고 많은 날)→허구헌날, 돈:→둔:, 그리고→그리구'처럼 극단적으로 조음점(調音點)을 끌어올렸다. 그밖에 '호랑이→호랭이, 안경→앵경'같은 낱말들이다. 서울사람은 다른 지역 언중들의 발음장애성 낱말인 장고모음 [어:]의 발음을 잘 지켰다. 한때 성우(聲優)세계에서 '그리구, 하구'같이 음성 모음의 선호(選好)현상이 있었는데 이는 서울 출신 원로성우 출신들의 영향인데 성우들은 자연스러운 구어(口語)라고 착각하고 있었다. 각 지역에서 겪고 있는 언중들의 모음과 자음의 발음장애현상을 살펴보겠다.

'ㅔ/ㅐ의 혼동(서남방언)'

예) ①리포터/ 요즈음 점심시간 대부분의 음식점 손님들은 개모임(X)→계모임(O)하는 주부들이…….

②아나운서/ KBS 재:일(X)→제:일(第一)(O)라디오입니다.[라디옵니다]

ㅔ[e]ㅐ[æ]는 아나운서도 발음장애의 대상이 되는 모음이다. 일본어에는 'ㅐ'가 없으며 영어에서는 'set[e]/saterday[æ]'처럼 'ㅔ/ㅐ'의 발음을 잘못해도 다른 뜻이 되지 않는다. 그러나 국어에서는 의미의 변별력(辨別力)을 위한 중요한 모음이다.

예) 「게:(蟹)」, 「네:시(4時)/내:시(內侍)」

「데:다(끓는 물에 손을~)/대:다(차를 담에 바짝~)」

「떼: ㄱ)기러기~, ㄴ)~를 뜨다(잔디), ㄷ)~를 타고 상류에서 내려오다, ㄹ)아이가 ~를 쓰다/때: ㄱ)~를 기다리다, ㄴ)~를 밀다」

「메:다: ㄱ)목이~, ㄴ)가마를~/매:다: ㄱ)말뚝에~, ㄴ)끈을~」, 「메달(Medal)/매:달(每月)」

「베:다: ㄱ)베개를~, ㄴ)풀을~/배:다: ㄱ)땀이~, ㄴ)새끼를~」

「세:다: ㄱ)머리가~, ㄴ)돈을~, ㄷ)힘이~/새:다: ㄱ)날이~, ㄴ)물이~」

「제:기: ㄱ)~차기, ㄴ)祭:器/재기: ㄱ)再:起, ㄴ)才氣」

「제:수: ㄱ)弟:嫂(남동생의 부인), ㄴ)祭:需/재수: ㄱ)再:修, ㄴ)재수(運)」

「제:일(第一)/재:일(在日)」

「체: ㄱ)~에 밀가루를 치다, ㄴ)잘난~/채: ㄱ)~찍, ㄴ)골프~, ㄷ)바깥~, ㄹ)날이 ~밝기도 전에, ㅁ)신을 신은~」

「헤치다: ㄱ)숲속을 ~고 가다, ㄴ)헤쳐모여!/해:치다(과음은 건강을~)」

구개도(口開度)는 입을 벌리는 정도에서 'ㅣ'는 입이 거의 닫힌 상태(closed), 'ㅔ'는 반쯤 닫힌 상태(Half closed), 'ㅐ'는 반쯤 열린 상태((Half open), 'ㅏ'는 열린 상태(Open)이다. 'ㅣ/ㅔ/ㅐ/ㅏ'를 연속해서 발음하다 보면 입의 각도가 점차 벌어지는 것을 느끼게 된다.

으/어의 혼동(동남방언)

정부(政府)(O) / 증부(X)
거리(街)(O), 거̄:리(距離)(O) / 그리(X)
층계(層階)(O) / 청계(X)
증권(證券)(O) / 정권(X)
흐리다(O) / 허리다(X)
청계(淸溪)(O) / 층계(X)

동남방언에서는 'ㅏ'를 'ㅗ'로 하는 경향이 있어 '파리'를 '포리'라고도 한다. 원로가수였던 현인(玄仁)씨는 '으'발음이 안 되어 '사랑은 흘러가도'를 '사랑은 헐러가도'라고 하였다.

으/어, 오/왜 으/우의 혼동(서북방언)

그곳(O) / 그것(X)
어머니(O) / 오머니(X), 오마니(X)
서울(O) / 소울(X)
올라가다(O) / 얼러가다(X)
음악(O) / 움악(X)
외국(O) / 왜국(X)

이 가운데 '외/왜'는 의미가 분화되는 음운이기 때문에 주의해야 한다(외:국(外國), 왜국(倭國)).

구개음화(口蓋音化)/입천장소리는 'ㄷ/ㅌ'이 '이/히'와 만났을 때 '같이[가치]/굳이[구지]'처럼 'ㅈ/ㅊ'으로 나는 현상이다. '밭을 간다'를 [바츨 간다]로 하는 방송인이 꽤 있는 편인데 반드시 'ㄷ/ㅌ'이 '이/히'와 만났을 때이며 '으'는 아니다.

표준발음법 제4항 단모음(單母音)규정 가운데 'ㅚ/ㅟ'는 이중모음으로 할 수 있다고 규정하고 있다. 단모음은 'ㅏ/ㅗ/ㅜ'처럼 〈처음소리〉와 〈나중소리〉 소리값이 같은 경우이며 'ㅑ/ㅛ/ㅠ'처럼 〈처음소리〉와 〈나중소리〉가 달리 나는 경우는 이중모음이라고 한다. 사람과의 사귐에서도 처음마음과 나중마음이 다른 사람을 이중인격자라 하듯이 국어의 모음도 마찬가지이다.

예) 외:국(外國)[외:국/웨:국] (웨(처음소리)……ㅔ(나중소리))
귀:공자(貴公子)(귀(처음소리)……이(나중소리))(사람의 '귀'는 단모음)

'ㅚ'는 언중뿐 아니라 아나운서들도 까다롭다고 느끼는 발음이다. 그러나 입술을 둥글게 하는 원순음(圓脣音)임을 이해하면 의외로 수월한 발음이다. 특히 'ㅚ'의 초성(初聲)에 자음이 오면 오히려 이중모음의 발음이 어렵다.

'괴:물/궤물, 뇌물/눼물, 된:소리/뒌소리, 쇠:고기/쉐고기, 죄:/줴, 최/췌, 퇴:계원/퉤계원, 회:사/훼사'보다 '괴:물/뇌물/된:소리/쇠:고기/죄/최/퇴:계원/회:사'가 수월함에도 「ㅚ/ㅞ」의 복수발음은 이중모음이 편리하다는 고정관념 때문에 잘못 규정된 규범이다. 다만 2음절에 'ㅚ'가 올 때는 'ㅞ'가 자연스럽다. '교외[교웨], 해:외[해웨], 금괴(金塊)[금궤], 개최[개췌], 후:퇴[후퉤], 후:회[후훼]'에서는 이중모음이 자연스럽다.

ㅈ·ㅊ·ㅉ(서북방언)

이 파찰음은 입천장소리인데 잇몸소리로 낸다.

전쟁 중(입천장소리)(O) **/ 전쟁 중**(잇몸소리)(X)

이때 입천장소리 'ㅈ'을 마치 영어에서의 유성음(有聲音)[J]처럼 잇몸소리로 잘못내고 있다.

군소리 ㄴ/ㄹ을 집어넣는 문제(동남방언)

동양(東洋)(O) / 동냥(X)

촬영(O) / 촬령(X)

월요일(O) / 월료일(X)

목요일(O) / 몽뇨일(X)

첨기음(添氣音)의 약화(弱化)(서남방언)

입학(入學)[입팍](O) / [이박](X)

깨끗하다[깨끋타다](O) / [깨끄다다](X)

거듭하다[거듭파다](O) / [거드바다](X)

핵 확산[핵 콱싼](O) / [해 곽싼](X)

음성언어의 실연(實演)에 프로정신을 갖고 있는 아나운서에게도 [ㅓ̄:/ㅕ̄:/ㅝ̄:]의 장고(長高母音)의 음가(音價)를 내지 못하는 사람이 많다. 영어는 국어의 모음의 수(21개)와 거의 같은 20개이다.

'ㅓ̄:[əːr]/ㅕ:[jiəːr]/ㅝ̄:[ɯəːr]/Bird, year, work'

영어는 국어의 장고모음을 언어학적으로 중앙(中央)모음(Central Vowel)이라고 하며 다만 국어는 조음점(調音點)이 다소 높을 뿐이다. 영어는 자음이 60% 모음이 39.1%, 중앙모음은 10.74%로 모음 4개 중 1개꼴로 대단히 많다는 점을 강조하고 싶다.

장고모음 'ㅓ̄:/ㅕ̄:/ㅝ̄:' 중에서 'ㅓ̄:'만 습득하면 나머지 'ㅕ̄:/ㅝ̄:'는 자동적이다. 'ㅓ̄:'는 'ㅡ'와 'ㅓ'의 중간에 조음점(調音點)이 있기 때문에 'ㅡ/ㅓ'를 반복하여 연습하면 의외로 쉬운 발음이다. 참고삼아 표준발음법 규정 해설집에 실린 장고모음의 예는 다음과 같다.

예) 걸:다, 더:럽다, 덥:다, 멀:다, 번:지다, 썰:다, 얻:다, 얼:다, 적:다, 절:다, 젊:다, 헐:다, 거:리(距離), 거:머리, 널:, 벌:, 설:, 얼: 전:화, 헌:법, 헝:겊, 견:본, 걷:다, 별:, 연:하다, 열:쇠, 영:감, 염:주(念珠), 편:지, 현:대, 원:시(遠視)

우리나라의 각 지역민들이 겪는 발음 장애성 어휘를 살펴보았다. 이러한 발음 장애성 어휘가 자연인일 경우에는 문제가 크게 되지 않는다. 그러나 공인(公人)의 어벽(語癖)은 심각할 수가 있다. 서남방언을 쓰는 모 대학교 총장은 매년 입학식의 축사 때 자주 쓰이게 되는 '입학[이박]'이라는 단순한 어휘의 발음 때문에 놀림감이 된 경우가 있다.

"위대한[이대한] 광주[강주] 시민여러분. 저의 고향 거제도의 한려수도를 세계적인 관광(강간)도시로 만들겠습니다. 여러분!"

김영삼 전 대통령 스피치의 일부분이다. 'ㅘ/ㅟ'단 2개의 모음의 발음장애 때문에 코미디언의 방송 소재가 되기도 하였다.

"이 시간에는 이화여자대학교 김옥길 학생처장의 말씀이 있겠습니다."라는 오프닝 아나운스먼트.

필자가 병아리 아나운서 시절 발음 장애성으로 어려움을 겪었던 일화(逸話)이다. 이 짤막한 멘트에서 '이 시간에는'과 '이화여자대학교'라는 발음이 되지 않아 결국 '이 시간엔', '이화여대'라고 바꿔서 녹음한 적이 있었다. 발음장애성 낱말에는 공통적인 어휘와 개인차에 따른 말이 있다. 1960년대 당시 아나운서들이 거의 공통적으로 어려워했던 대표적인 뉴스용어에 '지도자'가 있었다. 따라서 앞 뒤 문장에 따라 '수뇌/고위층/고위급'으로 대치(代置)하여 방송하였다. 방송을 잘하던 어느 아나운서는 '다섯 살 된 어린이를 찾습니다.'라는 공지사항 기사에서 '네: 살'로 고치는가 하면 '이 시간에는→이 시간엔→오늘은', '숙명여자대학교→숙명여대', '농업협동조합→농협', '수산업협동조합→수협', '66수년/77수년을 맞이하여→66돌/77돌을 맞이하여', '베르린에서 AP합동→벨린에서 AP합동', '케네디 대통령→케네디 미국 대통령'으로 고쳐 읽었다.

미국의 대통령이 '존슨/닉슨'이 재임할 때는 통치 능력과 관계없이 대통령 이름이 수월하여 아나운서들에게 인기(?)가 있었다.

위와 같은 대치어(代置語)가 없는 낱말이 들어있는 뉴스를 할 때는 이른바 "방송을 잡치고 만다." '청소년의 달을 맞이하여/어린이날을 맞이하여/관광객들이/대한적십자사 총재/지지자들이/메사추세쓰 주지사'와 음악곡목 중 음절이 긴 경우인 '마스카니 작곡인 까발렐리아 루스데까나 중에서 오렌지 향기는 바람에 날리고'였다. 신인 아나운서들은 발음 장애성 낱말을 노트에 적어 수시로 연습하였다. 그림에서는 다양한 색상(色相)의 작품일수록 미감(美感)이 뛰어난 법이다. 국어의 음성언어에서도 21개의 모음이 자음과 어울려 '제 소릿값'을 낼 때 바람직한 방송언어를 기대할 수 있는 것이다. 화자(話者)가 전할 '말'이 강물이라면 자음(子音)은 물위에 뜬 구름 같은 장식음(裝飾音)이요, 모음(母音)은 강둑에 비유되며 강둑이 튼튼해야 강물이 유유히 흘러갈 수 있는 것이다.

역대 아나운서 가운데 모음의 소릿값을 가장 정확하게 구사한 사람은 장기범 아나운서(최초의 공개방송 '스무고개' 진행자)로 국어에서 독특한 미감(美感)을 느끼게 하였다.

국어의 읽기와 말하기의 이상(理想)

사람은 일생, 작가가 아닌 이상 글씨를 쓰기보다 말을 하며 사는 시간이 더 많다. 언어에는 시각(視覺)언어인 문자언어(Written Language)와 청각(聽覺)언어인 음성언어(Spoken Language)로 나누어진다. 우리나라의 국어교육은 과거는 물론 오늘날에도 문자언어의 일변도(一邊倒)교육이다. 초등학교 국어교육에서 중요한 시기인 3,4 학년까지 띄어 읽기 위주의 교육이다. 그런데 초등학생들의 영어 과외시간에는 phonics라는 발음 중심의 교육을 받고 있다. 이러한 기이(奇異)한 국어의 발음교육 경시(輕視)현상은 한글은 쓰기와 읽기도 쉬운 문자라는 한글 우월주의가 잠재의식으로 작용하고 있기 때문이다. 외국어를 말할 때 초급·중급·고급의 수준을 떠올리게 된다. 그렇다면 우리 국민의 말솜씨 수준은 어떠한가. 우리의 국어현실은 하향(下向)평준화 되었다. 공공장소나 개인들의 만남에서 '말:수'가 많다는 것이 특징이다.

미국대학생들의 토론교육에서 내려진 이상적인 화법(話法)은 'Good listening is good talking./남의 말을 귀담아 잘 듣는 것이 곧 말을 잘하는 것이다.'이다. 이 화법의 명제(命題)를 우리 생활에 연관 지어 보겠다. 5명의 친구가 만났다면 우선 모든 사람의 공통적인 관심사(關心事)가 주제라면 좋을 것이다. 그리고 한 사람의 '말 수'는 1/5로 3명이라면 1/3로 해야한다. 그리고 '말소리'의 크기는 옆사리 손님들 대화의 소리를 압도(壓倒)하면 안 될 것이다. 오랜 세월 내려온 남녀의 이상적인 조건은 '신·언·서·판(身言書判)'과 '말씨·맵시·솜씨'였다. 여기서 '서(書)'는 '공부의 수준', '판(判)'은 판단력으로 보면 될 듯하다. 남자의 경우 오늘날 공인(公人)으로서의 조건으로도 손색이 없다. 특히 여자의 조건의 한가지인 말씨에 현대의 우리들은 둔감(鈍感)해져있다. "남의 말 내용을 듣기 전에 말씨부터 마음에 두어라."이 잠언(箴言)은 과거 인디언들의 가정교육이었다. 그리고 공사(公私)간의 어느 자리에서도 '짧고 쉽게 말하기'가 '길고 어렵게 말하기'보다 힘들다는 화법(話法)의 기본도 기억할 필요가 있다. 문명국이 아닌 후진국의 공인(公人)이라도 올바른 화법(話法)익히기는 기본 조건일 것이다. 이 글은 평소 아나운서와 아나운서 지망생들에게 강조했던 내용으로 이 나라의 공인(公人)되는 분도 참고가 되리라 믿는다.

1) 장단음

장단음은 네 가지의 기능이 있다. 흔히 ㄱ)의미의 변별력(辨別力)의 기능 한 가지만 생각하는 사람이 많다. 그러나 3가지가 더 추가 된다. 우선 성씨(姓氏)의 예부터 들어본다. '정:(鄭)/정(丁), 조:(趙)/조(曺), 유:(柳)/유(劉)/俞, 임:(任)/임(林), 신:(愼)/신(申)/신(辛), 변:(卞)/변(邊), 전:(錢)/전(全)/전(田)' 역사적인 인물 몇 분을 들어보면 정:몽주(鄭夢周)/정약용(丁若鏞), 조:광조(趙光祖)/조조(曹操)(중국에서는 姓氏에서 한국과 달리 '曹'로 씀.), 유:성룡(柳成龍)/유비(劉備) 등이다. 이 경우에 아나운서나 공인(公人)이 함부로 발음할 수 있겠는가. 전 국회의장이었던 '정세균(丁世均)……'할 때도 발음의 약속이 지켜지면 청자(聽者)는 정확한 성(姓)을 알 수 있다. 그밖에도 말:/말, 성:인(聖人)/성인(成人), 천:직(賤職)/천직(天職), 전:기(電氣)/전기(傳記), 경:비(警備)/경비(經費), 고:전(古典)/고전(苦戰), 도:장(道場)/도장(圖章), 무:력(武力)/무력(無力), 방:화(放火)/방화(防火)…….

한글표기로 보면 글자의 모양이 같다하여 쌍둥이말/동형이의어(同形異義語)/동형이음어(同形異音語)라고 한다.

그동안 장단음을 많은 사람들이 관심을 가질 수 없었던 것은 쌍둥이말의 쌍수(雙數) 때문이었다고 생각된다. 이번 한국어의 미학(美學)의 특징의 한 가지는 이 쌍수의 정리로 약 700여쌍(1600여 단어)으로 축소할 수 있었다. 이 어휘만 배운다면 고급 한국어가 가능하리라고 본다. 이 쌍둥이말은 영어와 일본어에도 있는 현상으로 다만 국어에 비해 어휘수가 적을 뿐이다.

영어의 예: Heal/Hill, Sheep/Ship, Feel/Fill
일본어의 예: 비ㅡ루(ビール)(맥주)/비루(ビル)(빌딩)
오바아상(おばあさん)(할머니)/오바상(おばさん)(아주머니)
쇼ㅡ쮸(しょうちゅう)(소주)/쇼쮸(しょっちゅう, 자주)

여기서 한글과 영어와 일본어는 같은 소리글자(表音文字)인데 한글은 뜻을 알 수 있는 표의성(表意性)이 없다는 것이 문자로서의 큰 약점이다. 따라서 한글 전용국어 정책으로 고급 어휘가 사어(死語)가 되어 이 나라의 인문학이 고사(枯死)되어가고 있는 것이다. 이러한 심각한 현상에 대응하고 있는 교육이 초등학생과 일부 국민들의 한자교육이며 고려대는 14년 전부터 한자 2급 취득을 문과대학에서 실시하고 있고 4년 전에는 중앙대학교가 뒤늦게 3급 취득을 목표로 한자교육을 실시하고 있다.

ㄴ) 언어의 품위성

장·단음은 말의 품위를 높여준다. '사:람/어̄:른'을 짧게 발음해도 뜻은 알 수 있으나 품격(品格)이 없다. 우리 조상들은 한자의 성조(聲調)를 철저하게 지키는 언어생활이었으므로 장단음 지키기에 철저했다. 심지어는 성조와 관계없이 '경(景)'의 경우 일반 명사일때는 '경치(景致), 경기(景氣), 경품(景品)'등으로 단음(短音)이었으나 궁중어(宮中語)일때인 '경̄:덕여왕(景德女王), 경̄:복궁(景福宮)'등에서는 '景[경̄:]'으로 장고모음으로 하였다. 언어학적으로 장고모음(長高母音/장음+고모음) 'ㅓ̄:/ㅕ̄:/ㅝ̄:'는 조음점(調音點)이 높아 단순장음에 비해 훨씬 품위가 높다는 점을 강조하고 싶다.

장고모음은 대단히 중요한 음운(音韻)이므로 다른 장(章)에서도 밝힌 바 있다. 오랜 세월 왕도(王都)였던 서울말 특징의 한 가지 역시 장고모음의 음운이다. 한 예로 '어:른'의 조음점을 더 높여서 '으:른'으로 부르는 경우가 많았다. '성:웅(聖雄)이순신/영:원(永遠)한 진리/원:대(遠大)한 꿈'처럼 단순장음에 비해 장고모음의 음색(音色)은 한층 더 품위가 있다. 한국방송에서 기념비적인 드라마 대장금(大長今) 마지막 회에 왕·왕비 등 왕족(王族)을 높여 부르는 '전:하(殿下)'가 수차례 대사(臺詞)에 나왔다. 그런데 주연·조연 배우 모두 한결 같이 표준발음을 지켜주어 끝내는 드라마를 한층 빛내주었다. 여담(餘談)으로 일본어의 한 예를 들어본다. 명치(明治)[MeiJi], 선생(先生)[SenSei]에서 흔히 '메이지/센세이'라고 하는 발음은 표준 발음이 아니며 '메:지/센세:'라고 읽어야 한다. 이는 아마도 두 가지의 의미가 있는 것으로 1)발음의 품위, 2)발음의 경제성으로 생각한다. 일본어 발음규정에 'ei[e:]/에:', 즉 'e/에' 다음에 'i/이'가 연이어오면 장음[e:]로 한다고 규정되어 있다.

ㄷ) 강약대비(對備)의 미(美)

음악에서 '강약'의 상대적인 음의 세계가 없다면 음악은 성립될 수 없을 것이다. 빨강과 초록색의 서로 다른 보색(補色)이 조화를 이룰 때 색채 감각경험이 잔상(殘像/After image)으로 남는다. 음성언어의 세계에서도 상대적인 강약의 음이 어울릴 때 여운(餘韻)의 소리가 청각영상(聽覺影像)이 된다. 음성언어의 이상(理想)은 음악 같은 말씨로 recital of speech/말의 연주(演奏)라고 한다.

ㄹ) 발음의 편리성

KBS를 '한:국방:송'이라고 한다. 사람의 소리는 눈에 보이지 않는다. 언어학계에 Visi-pitch 6087DS라는 기기(器機)가 있다. 여기에 '한국방송'을 입력하면 한 국 방 송 같은 영상을 볼 수 있다. 즉 긴 음절인 '한:/방:'에 강세(强勢)가 오므로 강약리듬이 생긴다. 강약리듬을 타므로 발음이 수월해진다. 방송의 형식 가운데 가장 말의 속도가 빠른 중계방송에서는 장단음을 지킬 수 없다고 흔히 생각할 수 있다. 그러나 야구 중계의 경우 평균 3시간 30정도의 긴 시간의 방송이 가능한 것은 장단음을 지켜 리듬을 타는 아나운싱 때문이다.

품:위, 젊:잖다, 사:람, 어:른, 얼:, 웃:다 등의 장음을 지키는 것은 의미의 변별력과 관계가 없다. 이는 언어의 품위성, 강약대비의 미(美) 때문이다. 그리고 표준발음법 제1장 제1항 「표준어발음법은 표준어의 실제발음을 따르되 국어의 전통성과 합리성을 고려하여 정함을 원칙으로 한다.」규범에서 국어의 전통성을 지키기 위해서이다.

2) 모음의 음가(音價)/소릿값

일상에서의 말하기에서는 모음의 소릿값을 지키지 않고도 소통이 가능하다(예: 감사합니다→감삼니다, 마음→맘). 그러나 방송에서는 의미 전달의 정확성과 함께 발성(發聲)과 관계가 있다. 합창단의 지휘자가 경연대회의 출연 전에 반드시 지키는 절차가 있다. 노랫말에서 자음은 빼고 모음만의 가사(歌詞)연습을 시키는 diction이라고 하는 발성연습이다. 아나운싱에서도 모음의 소릿값을 지키는 것을 발성이라고 한다. 방송의 발성은 띄어 읽기 한 구절(句節)을 붙여 읽으면서 모음의 음가를 지킨다는 점에 유의해야한다. 작년 KBS아나운서 실기시험 문제는 스트레이트 뉴스(Straight News)였다. 어느 한 직장의 시험문제가 일부라도 외부에 유출되면 신문에 대서특필 된다. 그런데 1차 실기 뉴스 읽기 문제가 1주일 전에 발표되었다. 이에 대한 정답을 방송인 중 아나운서 가운데도 설명할 수 있는 사람은 많지 않을 것이다.

피상적(皮相的)으로 일본어의 음운을 알고 있는 사람은 일본어는 쉬운 외국어로 잘못 알고 있다. 일본어는 기본 모음이 'ㅏ, ㅣ, ㅜ, ㅔ, ㅗ'로 다섯 개다. 따라서 '오오사카'의 4음절에서 모음의 수는 'ㅗ, ㅏ' 2개, '다나카'에서는 3음절 모두 'ㅏ'이다. 따라서 단조로운 모음의 수(數) 때문에 쉽다고 착각을 하고 있다. 반면 한국어는 일본어 모음의 수의 4배도 넘는 21개(단모음, 이중모음)이다. 대체로 아나운싱의 종류를 대별해보면 속도가 가장 빠른 '중계방송 멘트', 속도가 두 번째 빠른 '스트레이트 뉴스(앵커뉴스 멘트와 구별됨)', 그리고 MC, DJ, 내레이션, 시 낭송으로 대별할 수 있다. 이 가운데 중계의 멘트는 초고속이므로 모음의 음가에 다소 소홀할 수 있으나 Straight News는 철저하게 음가(音價)

가 지켜져야 하기 때문에 아나운싱의 기법(技法)에서 가장 어려운 것이다. 아나운싱의 기법 상 가장 쉬운 방송분야인 M.C는 명성(名聲)을 떨치는 반면 시청자에게 알려진 아나운서의 뉴스캐스터는 거의 없다. 세상에는 이런 모순(矛盾) 현상도 있다.

3) 띄어 읽기

읽기는 말하기 전에 거쳐야하는 그림 그리기 전의 데생(素描)과 같다 하겠다. 방송에서 올바른 M.C의 아나운스먼트를 구사하려면 읽기 과정을 반드시 거쳐야하는 것이다. 이러한 필수과정을 거치지 않았음을 증명해주는 듯 국민 M.C 가운데 내레이션 방송을 필자의 경우 들어본 적이 없다. 띄어 읽기는 듣는 사람에게 효과적으로 듣게 하는 한 방편이다. 정통 아나운서 세계에서 띄어 읽기 표시로 빗금(/)대신 체크(∨) 표시를 하는 것은 띄어 읽기 표시는 주관적이기 때문이다. 따라서 한 가지 뉴스를 나중에 읽는 아나운서를 배려해서 눈에 자극이 덜한 체크 표시를 과거의 아나운서들은 지켰다.

예) 청와대는∨오늘▽오:전 10:시∨기자회:견에서∨

띄어 읽기 표시는 위의 예에서처럼 주격조사(主格助詞), 시제(時制), 처격조사(處格助詞)에서 하는 것이 대원칙이다. 그 밖의 띄어 읽기는 주관적이라 하겠다. 위의 문장에서 '오늘∨오:전 10:시'에서 '▽'이런 표시를 반(半)호흡(Half respiration)이라고 한다. 이는 긴 호흡의 읽기를 위한 방편이다. 즉 띄어 읽기의 표시는 주관적이지만 '반호흡/▽' 띄어 읽기 표시를 많이 한 것일수록 잘된 띄어 읽기로 볼 수 있다. 여기서 '반호흡'은 영어의 번역에서 반(半)이 되었을 뿐 실제는 붙여 읽기이다.

4) 모든 어미(語尾)는 내림조/하강조(下降調)이다.

상세한 내용은 한국어의 억양과 악센트 편에 있으므로 간단히 설명하고자 한다. 빠른 이해를 돕기 위해 3음절의 사람의 이름을 예로 들어본다.

a) 

이:순신

b) 

김유신 [기뮤신]

이 두 인명의 경우 3음절에서는 억양이 약(弱)이 되어 자연스럽게 내려온다. 읽기나 말하기에서 띄어 읽는 자리에서 내림조(下降調)를 지키되 다만 다양하게 내려와야 한다는 점을 강조한다. 그리고 문장(文章)과 말의 끝인 종결어미(終結語尾)는 '말했습니다/좋습니다'처럼 '디크레센도(Decrescendo)/점점 작게'로 마무리한다. 즉 비행사가 착륙할 때 연착륙(軟着陸)/Soft landing)하는 자세라 할 것이다.

5) TONE

아나운싱과 음악은 참으로 밀접한 관계에 있다. 음악에는 다양한 메이저와 마이너의 sharp(#)과 Flat(b)의 Key(音調)가 있다. 아나운싱에서 이에 해당되는 것이 Tone이다. 음악의 연주에서 가장 힘든 일이 '첫 음의 소리내기'라면 아나운싱과 말하기에서 어려운 것이 바로 적정한 Tone으로 시작하는 일이다.

6) 발음 장애성 어휘

발음이야기 발음 장애성 편에서 상세한 설명이 있었으므로 간략하게 설명하고자 한다. 이러한 현상은 다양한 모음과 자음의 수(數) 때문에 일어나게 되며 모든 사람이 함께 어려운 경우와 개인적인 것, 그리고 지역 방언에서 오는 수도 있다. 대표적으로 이중모음이 연거푸 오는 '관광객'과 첫 음의 '의' 발음이 이에 속한다. 숫자에서 '2:/4:/5:/열:'은 장음으로 장음의 편리성 기능에 따라서 이러한 숫자의 경우는 수월하다. 그러나 그밖에 '1, 3, 6, 7, 8, 9'같은 경우가 연이어서 오는 '111/333/666/777/888/999'의 발음은 쉽지 않다.

7) 인명·지명·고유명사·숫자는 천천히 읽는다.

이 경우는 중요한 명사이므로 올바르고 정확한 전달 때문이다. 특히 자주 신문이나 방송에 나오지 않았던 빈도수가 적은 명사의 경우 유념해야 한다.

또한 숫자에서 전화번호는 천천히 읽을수록 좋다. 이러한 점이 지켜졌을 때 완급(緩急)의 속도에 따른 어감(語感)의 변화미를 기대할 수도 있다.

8) 문장의 내용을 정확하게 파악하기

읽기와 말하기에서 내용의 숙지(熟知)하기는 상식이다. '수박 겉 핥기'식의 내용파악으로는 성공적인 읽기와 말하기를 기대하기 어렵다. 원고를 흔히 소리 내어 읽는 경우가 많은데 마음속으로 뜻을 음미(吟味)하며 읽는 묵독(默讀)을 해야 한다.

말하기에서의 성공은 끝맺음의 성공여부에 달려 있다. 한가지의 방법으로 지금까지의 내용을 간결하면서 날카롭게 표현한 속담(俗談)의 인용은 이상적인 방법이라 하겠다. 예를 들면 불교를 주로 믿었던 우리 조상들이 극락(極樂)에 대한 내세관(來世觀)이 없어 뜻밖에도 현세적 인생관이 담긴 속담으로 많은 사람이 알고 있는 "죽은 삼정승보다 산:개:가 낫다/개똥밭에 굴:러도 이승이 낫:다."이다. 요즈음 유행했던 YOLO 족의 "You Only Live Once/너는 오직 이 세상에서 한번 살 뿐이다.(그러나 충분히 제대로만 산다면 한번으로 넉넉하다.)"는 현세적 인생관과 일맥상통한다 하겠다. 또는 인과응보(因果應報)의 속담으로 "콩 심은데 콩 나고 팥 심은데 팥 난다.", 말조심의 경구(警句)인 "병(病)은 입으로 들어오고 모든 화(禍)는 입에서 나온다.", 물욕(物欲)의 실상(實相)을 암시해준 일본의 속담 "누우면 다다미 한 장, 서면 반장(半張)" 그리고 어느 집안이나 크고 작은 근심 걱정은 다 있다는 유명한 속담으로 "천석꾼이는 천 가지 근심, 만:석꾼이는 만: 가지 근심"이 있다. 특히 강의의 주제가 종교일 경우는 매우 까다롭다. 참고삼아 필자가 어느 강의에서 마지막에 한 말을 끝으로 이 글을 마무리 한다.

Heaven is now! or never

천국은 이미 이 지상에도 있습니다. 이 진리를 믿지 않는 사람에게는 내세의 천국도 보장되지 않습니다.

발음 교육 부재(不在)의 원인과 이에 따른 문제점

한 나라의 문화는 수직/전통문화와 수평/외래문화에 의한 씨줄/위선(緯線)과 날줄/경선(經線)으로 짜여진 직물(織物)과 같다. 국어는 한자어(70%)+고유어(24%)+외래어(6%)로 구성되어 있다. 2,000년 전부터 우리나라에 이민(移民)을 온 외래어인 한자어를 배척한다는 사실은 국어학이란 학문의 분야를 떠나서 유아적(幼兒的) 배타(排他)애국주의라 하겠다. 오늘날에도 우리 국민의 타인에 대한 배려에 인색한 민족성은 과거 오랜 세월 천 번 전후의 외침과 단일 민족성에서 비롯된 배타성(排他性)의 DNA때문이라 생각된다. 한 가지 부끄러운 대표적인 예로 세계에서 차이나타운이 없는 나라는 우리나라 밖에 없다. 오늘날의 몇몇 차이나타운은 근래에 정책적으로 만들어진 것이다. 우리는 아직도 외국사람을 가리킬 때 '일본놈' 이외에도 무차별로 쉽게 '놈'자를 붙이고 있다. 우리나라는 근대화 과정에서 아는 사람과의 관계인 농경사회에서 타인과의 관계로 이루어지는 산업사회로 바뀌었다. 이러한 근대화 과정에서 합리적 인식이 바탕이 된 계몽주의를 거치지 않았다. 이러한 풍토에서 국어의 합리성을 무시한 한글전용 주의의 국어정책이 가능해지지 않았을까.

해방 후 35년간 억눌렸던 우리말을 되찾고자 일본어의 잔재를 뿌리 뽑자는 운동이 활발히 이루어질 무렵 한자어(漢字語)도 같은 대상이 되었다. 한글 전용과 한자 혼용의 국어학계의 대립은 지금까지 이어져오고 있는데 이에 대한 역사적인 원인(遠因)과 근인(近因)을 살펴보고자 한다. 원인(原因)에는 근인과 원인이 있다.

한국어문 교육연구회 박광민 연구위원의 글을 발췌 인용하면서 필자의 의견을 덧붙이고자 한다. “미군정 당시 학무국(1946.3.29. 문교부로 승격)과 정부수립 직후 편수(編修)정책 실무를 입안했던 이들은 국가장래를 내다보는 혜안과 분별력을 지니지 못했다. 그들은 감성적 애국론으로 한국어의 언어적 특성이나 현실을 알 까닭이 없는 외세와 일부 권부(權府)인사에 기대어 천년대계의 문교정책을 전단(專斷)해 밀어붙인 것이다. 미군정 당시 미국의 영향으로 한글 전용이 이루어졌다는 가정이 관련 학자들 사이에 꾸준히 제기되어 온 것이 사실이다. 맥아더 사령부는 전후(戰後) 일본 교육자에게 조언해주고 이에 관해 협의할 수 있는 20명 이상의 미국 교육자 그룹으로 구성된 사절단을 약 1개월간 일본에 파견해 줄 것을 본국 정부에 요청하였다. 27명의 사절단의 최종 보고서는 1946년 3워 30일 미태평양 육군 총사령관 맥아더 원수(元帥)에게 보고되었다. 아메리카 교육사절단 보고서라는 소책자의 핵심 중 사절단의 판단은 가명(假名)/가나한자(漢子)의 일부를 따서 만든 일본 고유의 문자보다 Roma자가 더 이롭다고 본다. 로마자는 민주주의적 시민정신과 국제적 이해의 성장에 크게 기여할 것이다. 어떤 모양의 로마자든 가능한 모든 수단을 동원하여 일반에게 사용할 것. 여기서 사절단이 말한 어떤 모양의 로마자는 결국 미국식 영어를 암시한 것으로 보아도 좋을 것이다. 당시 전승국(戰勝國)으로서 한국과 일본에 미국식 서구 민주주의를 정착시키고자 했던 미국의 시각(視角)으로는 어렵다고 선입관을 가졌던 한자공부에 지나치게 많은 시간을 매달려야 하는 한일 양국의 교육현실이 매우 불합리해 보였을 것이다. 아울러 미개한 동양인을 일깨우는 데는 로마자 교육을 통한 서구 민주주의 정신함양이 급선무라고 여겼을 것이다. 당시 한국 내 군정청 미군 측 학무국장은 리카드 대위였고 한국 측 초대 학무국장은 유억겸(兪億兼) 씨였으며 실무 최고책임자는 부국장인 오천석(吳天錫) 박사였는데 유억겸 씨가 작고하자 오천석 박사가 그 뒤를 이었다. 오박사는 미국 교육사절단이 일본에 머물고 있던 1946년 3월 21일부터 4월 6일까지 약 보름간 리카드 대위와 함께 동경을 방문하고 돌아왔는데 이때 오박사가 어떤 지침을 받았는지 여부는 구체적인 문서로 확인된 것은 없으나 일본에서 가능한 모든 수단을 동원해 로마자를 사용하게 하라는 보고서를 낸 미국 교육사절단이 한국의 문교 책임자에게도 비슷한 주문을 했을 개연성(蓋然性)은 충분하다고 본다. 우리의 문교부 관리와 일부 극단적인 한글전용인사들이 보여준 성급한 단견(短見)과 독단적인 행태는 지극히 유감스러운 일이나." 또한 조윤제(趙潤濟) 박시(서울대국문과 1회를 혼자 졸업했음. 대표적인 글 '은근과 끈기')는 당시의 글에서 "조선 교육심의회가 열리더니 청천벽력으로 한자폐지문제가 상정되자 그날로 의결되어 초등학교에서는 한자가 폐지되고 말았다. 한자 폐지는 민족의 발전 국가의 유명이 걸린 큰일 인데 충분한 의논의 여유도 없이 몇 사람의 투표 몇 장으로 가결되어 실행에 옮겨가는데 대해 비애와 통분을 금할 수 없었다." 김기림(金起林) 선생의 글에는 "1945년 군정(軍政) 문교부 편수국 수뇌에 한자 폐지론의 총대장 격인 최현배(崔鉉培) 씨가 진(陣)을 치고 학교 교과서에서부터 한자를 없앨 계획을 세우고 마구 우겨서 실천에 옮기고 있어서……."라고 되어 있다. 전승국인 미국으로서는 '한국과 일본을 전리품(戰利品)으로 생각하여 모든 방법을 동원하여 두 나라를 문화 식민지로 만들려는 야욕을 가질 수도 있었다는 가정(假定)'도 얼마든지 가능한 일이다. 이 무렵 일본에서는 문맹률(文盲率)을 조사하였다. 그 결과 한자(漢字) 때문에 문맹률이 높게 나올 것이라고 기대했던 미군정 당국자의 예상과는 달리 미국이나 유럽의 문맹률보다 낮게 나왔던 것이다. 일본의 어문 관계 관리와 학자들은 일본어의 특징과 현실을 제시하며 한자(漢字)를 지켜내는데 성공을 했던 것이다. 일본으로서는 치욕의 1945년이었다. 일본의 상용(常用) 한자의 수를 우연의 일치라고는 볼 수 없는 1945자로 만들면서 그들의 자존심과 주체성을 지켰던 것이다. 한편 우리나라에서는 한글전용주의자들이 가두(街頭)에서 이 문제에 대한 국민의 여론을 수렴한 결과 70%가 한자혼용을 반대하고 한글전용을 지지했던 것이다. 국가의 백년대계가 걸려있는 중대한 교육의 과제를 여론에 부진다는 것은 어불성실(語不成說)이다. 민주주의의 강점인 다수결(多數決)의 원칙이 한편으로는 결함도 있는 것이다. 부결(否決)당한 소수의 의견이

옳을 수도 있기 때문이다. "7명의 바보가 똑똑한 3명을 이기는 제도가 민주주의이다." 촌철살인의 경구(警句)로 유명한 마크 트웨인이 한 말이다. 해방공간 시절 군정(軍政) 문교부 편수과장 3년, 편수국장 3년 등 6년간의 편수책임자를 지낸 최현배 선생의 한글전용주의자들 쪽이 그들의 학설을 펴나가는데 유리했을 것은 불문가지(不問可知)이다.

제2의 세종대왕

"세종을 문자 창제의 영웅으로 떠받들어 온 것은 역사 오도(誤導)의 하나이다. 세계의 글자 고안(考案)역사를 보라. 단순한 자형(字形)문자 만드는 것은 아무것도 아니다. 한글이 실용적이라고 하지만 한글보다 실용적인 문자가 얼마든지 있다."

이 글은 누가 보더라도 한자 혼용주의자의 글임이 틀림없다. 그러나 한글 전용주의 어느 학자의 글이라는데 문제의 심각성이 있는 것이다. 우선 한자 혼용주의는 한글을 비행기의 한 날개처럼 쓰자는 뜻이며 세종대왕을 존경하고 있다. 특히 위의 글에서 오류의 한 가지는 세계 문자 고안(考案)역사에서 창제 시기가 1443년처럼 밝혀진 예가 없다. 최현배 선생의 〈글자의 혁명〉이란 책에 적힌 글자 모양은 훈민정음 글자모양과는 전혀 다르고 로마자(字)와 흡사하다. 또 다른 한글전용 학자의 〈로마한글〉에는 아랍문자와 비슷한 문자를 만들어 놓고 이 새로운 문자로써 한글을 대체시키자는 주장이다. '로오字'라는 자형도 있으며 이러한 최현배 창제 로마자 아류(亞流)의 해괴한 자체(字體)가 15가지가 넘는다. 백가쟁명(百家爭鳴)의 난세라 하겠다. 필자의 50년대 말 학창시절 심악(心岳) 이숭녕(李崇寧) 박사는 강의 시간에 자주 최현배 선생을 '제2의 세종대왕'이 되려고 학문에 어긋나는 일을 하고 있다고 개탄하였는데 그분의 깊은 뜻을 이제야 알겠다. '모택동(毛澤東)→마우쩌뚱', '주은래(周恩來)→저우언라이', '강택민(江澤民)→장쩌민' 한자를 못 쓰게 한 치졸한 안이다. 이미 훈민정음 창제시절 자국어(自國語)가 된 외래어(外來語)였던 한자(漢字)가 외국어였던 중국어식 발음 표기가 불가능하여 성공하지 못한 동국정운(東國正韻)의 교훈을 다시 한 번 상기할 필요가 있지 않겠는가.

인도 불교가 중국으로 들어와서는 선(禪)불교로 더 번창했듯이 백제의 왕인(王仁) 박사가 7C에 일본에 전파한 한자는 중국과 또 다른 문자 문화의 꽃을 피웠다. 일본문화의 특징은 외래문화를 배척하지 않고 모두 받아들여 조화시키는 습합(習合) 문화에 있다. 한자라는 원자재(原資材)를 수입한 후, 명치유신(明治維新)시절 대대적인 재가공(再加工)작업을 한 후 한국과 중국에 역수출을 하였다. 이 글과 관련하여 근래에 출판된 뜻 깊은 두 가지 책을 소개한다.

ㄱ) 근대 중일(中日)어휘 교류사/심국위(沈國威) 교수(512p)

ㄴ) 일본에서 온 우리말 사전/이한섭(李漢燮) 교수(983p)

일본에서 온 우리말사전의 표제어(標題語)는 현재 우리가 쓰고 있는 정치, 경제, 사회, 문화, 예술, 철학 등의 어휘들이다. 만일 이 책의 출판사가 구국(救國)교육의 이념으로 세워진 고려대학교가 아니었다면 친일사전으로 매도당하였을 것이다. 또한 중국의 심국위(沈國威) 교수의 책 제목에서 보듯이 중국과 일본은 서로 주고받은 어휘의 교류를 인정했다는 사실이다. 가제(假題)로 『한일어휘교류사』라는 책이 나올 무렵 우리나라는 비로소 선진국에 진입하리라 생각된다.

양자(兩者)가 극단적인 대립을 벌일 경우, 제3자의 개입은 문제 해결의 열쇠가 되어 준다. 우리나라의 1세대 고고학자인 김원룡(金元龍) 교수의 한글전용의 문제점과 함께 한자사용의 당위성에 대한 글이다.(조선일보 1967.12.12)

"우리가 일상에서 쓰고 있는 한자는 중국에서 쓰고 있는 한자(漢子)가 아니며 우리말로 된 한자(韓字)로 보아야 한다. 여기에 국혼이니 사대(事大)니 하는 것을 결부해서는 안 된다. 우리들이 극동지역에서 공용(共用)되며 의미가 뚜렷한 한화(韓化), 한자(漢字)를 알고 있는 것과 전혀 모르고 있는 것과 100년 천년 뒤의 결과는 어찌될 것인가? 한자가 없어도 국어국문학은 성립할지 모르나 다른 학문은 성립하기 어렵다."

또한 이 시대에 지성으로 불리는 불문학자이며 문학평론가인 황현산(黃鉉産) 교수의 견해이다.

우리는 오직 한글만을 써야하며 한자어 자체를 순화(純化)해서 토속말로 바꾸어야 한다고 주장하는 사람들이 한자에 품는 '거룩한 분노'는 종교보다도 깊다. 한자어가 우리 문화를 깔아뭉갰다는 주장은 얼핏 들으면 옳은 것 같기도 하다. 그러나 이 말은 기독교 문화가 서양문화의 걸림돌이 되었다는 말처럼 거의 의미가 없는 말이다. 우리 겨레는 민족문화발전을 위한 여러 가능한 선택 가운데 한자 문화를 선택했다. 한자와 더불어 받아들인 불교 유교 문화 등을 통해 우리 조상들은 세계를 이해하고 정치와 사회와 개인생활을 합리적으로 꾸리려고 애썼으며 그 노력 속에서 민족의 일관성을 지켜왔다. 우리말에 한자에서 연유한 말이 7할이 넘는다는 말은 지루한 말이 되었지만 여전히 사실이다. 이 한자어들은 중국 대륙에서 우리말과 문화에 메뚜기처럼 날아온 것이 아니다. 역사 발전을 위한 노력 속에서 그 말들이 필요했으며 그 말들을 받아들이고 이해하고 만들어냈다. 그것은 우리말이다. 한글의 뛰어난 음운체계가 어느 날 하늘에서 떨어진 것도 아니고 집현전 학자들이나 세종대왕의 머리에서 갑자기 솟아오른 것도 아니다. 한자(漢字)의 음운(音韻)에 대한 깊은 연구가 그 체계를 생각해내고 완성하는데 크게 도움이 되었음은 알려져 있다. 한자에 대한 생각은 간단하다. '가'/'可'/加/歌/家에서 빨강의 '가'는 '옳다', 주황색 '가'는 '더하다', 노랑색 '가'는 '노래', 초록의 '가'는 '집'이 된다. 컬러가 흑백보다 더 많은 것을 알려준다는 것은 말할 필요가 없다.

1945년 미군정시절 미국의 언어문화 식민주의 의식과 국내의 한글전용주의 대표학자인 최현배 선생이 때마침 문교부의 편수 책임자였기 때문에 안팎의 뜻이 맞아 떨어져 한글전용정책의 원인(遠因)이 되었던 것이다. 오늘날 한국 땅에서 한때 영어가 공용어(公用語)가 되어야 한다는 주장을 제기하는 사람이 나올 정도로 영어교육의 광풍이 부는 것은 당연한 귀결로 보여 진다. 초등학교에서 국어발음교육은 하지 않고 영어발음교육(Phonics)을 하고 있다. 그리고 한국의 방송3사 시험에 토익점수가 작용한다. 21c 세계화 시대 영어교육은 당연한 것으로 이를 지적하는 사람은 비정상적으로 치부될 것이다. 그러나 이 나라의 모든 직장 생활에서 영어가 큰 비중으로 필요할까. 요즈음은 모르겠으나 필자가 정년 할 때까지 많은 외국의 출장 중계방송 때 전혀 영어의 필요성을 느끼지 않았다. 보도본부 외신부와 국제방송의 영어반에서만 영어가 필요했을 뿐이다. 이러한 모순을 덜기 위해 새로 추가된 과목이 KBS의 한국어 능력시험이다. 그러나 지금까지 시험 출제 경향은 마치 신문사의 시험 같은 문자언어 위주의 출제였다. 이 시험의 취지는 앞으로 입사 후 방송에 투입될 아나운서들과 일부 기자와 PD의 교육용 문제여야 했다. 언어는 문자언어(Written Language)와 음성언어(Spoken Language)로 나뉜다. 방송언어는 음성언어이다. 그런데 왜 방송현장에서 활약하고 있는 방송 실무자들조차 음성언어와 국어발음에 무신경해졌을까? 광복 이후 국어교육에서 발음교육과정(課程)이 단 한 번도 없었기 때문이다. 과정(課程)은 일정 기간 할당된 학습범위란 뜻으로 '일학년~, 박사~' 때 쓰이는 어휘이다.

한편 과정(過程)은 일이 되어 나가는 경로라는 뜻으로 '진행~, 발달~'에 쓰이는 낱말이다. 소위 한글전용으로 사어(死語)가 되어가고 있는 어휘들이다. 세계의 언어들은 표기(表記)와 발음이 일치하지 않는 언어(영어, 프랑스어), 표기와 발음이 일치하여 발음부호가 없는 언어(독일어, 이태리어, 스페인어, 포르투갈어)가 있다. 한국어는 표기와 발음이 약 40%가량 일치하지 않는다. 이러한 명제(命題)는 필자가 KBS한국어 연구회장 시절 이현복 교수(전 서울대 언어학과)에게 전했을 때 이 교수도 알고는 있었겠지만 처음 듣는 말인 듯한 표정이었다. 이에 대한 근거는 한글 맞춤법 제1장 총칙 제1항 '한글 맞춤법은 표준어를 소리대로 적되 어법에 맞도록 함을 원칙으로 한다.'이다. 즉 '하늘, 바다'처럼 소리

나는 대로 적는 것을 '표음(表音)주의'라고 한다. 그러나 '꽃이[꼬치], 꽃나무[꼰나무]/꽃밭[꼳받]'처럼 소리 나는 대로 적으면 발음 형태가 몇 가지로 나타나기 때문에 뜻이 파악되지 않아 독서의 능률이 저하된다. 이러한 것을 '형태(形態)주의/표의(表意)주의'라고 한다. 한국어는 이렇듯 표기와 발음이 일치하지 않는데도 발음교육이 없었던 이유는 한글 우월주의라 하겠다. 흔히 한글은 쓰기 쉽고 읽기 쉽기 때문에 발음교육이 별도로 필요 없다고 생각했던 것이다. 지금도 학원에 노인을 위한 한글반이 있는 것으로 보아 배우기 쉬운 문자임에는 틀림없다. 한글과 같은 표음문자인 영어는 표기자체로 의미를 알 수 있는 표의성(表意性)이 있다(예: Heal/Hill, Sheep/Ship). 그러나 한글은 간단한 사람의 성씨(姓氏)조차 구별할 수 없다(정:(鄭)/정(丁), 조:(趙)/조(曺), 유:(柳)/유(劉), 유(俞), 임:(任)/임(林)).

따라서 한글전용정책의 국어현실에서도 한자는 국어 속에서 명맥을 유지해 오고 있었던 것이다. 그러나 1970년 군사독재시절 박정희 대통령은 한글전용정책을 지시하였다. 공부하기를 좋다고 하는 학생은 어느 나라나 어느 시절에도 없었을 것이다. 이러한 결정은 일종의 인기영합 정책성도 있었을 것으로 보인다. 유신정치 시절이었으니 국가의 건강한 장래 같은 것은 염두에 두지 않았을 것이다. 박정희 대통령은 대구사범출신으로 국어에 대한 깊은 상식은 갖춘 분으로 생각된다. 한글전용을 지시한 후 많은 고민을 한 흔적의 정책이 1972년 한문교육용 기초한자(중학교 900자, 고등학교 900자) 교육 실시 정책이다. 그러나 실지로 효과적인 한자교육을 하지 못하고 있는 것은 초등학교 시절 한자를 배우지 못하기 때문이다. 1970년대의 이러한 독재시절의 국어정책이 한글전용의 근인(近因)이라 하겠다.

2015년 한·중·일 30인 회에서는 3국 공통의 상용한자 808자를 선정하여 발표한 바 있다. 중앙일보(한국)와 신화통신(중국) 그리고 일본경제신문이 주최하였다. 서양의 언어표기 수단인 Roma자(字), Alphabet은 어느 한 나라의 문자가 아니라 서양의 문자이다. 한자 역시 중국 한 나라의 문자가 아니라 동아시아의 문자로 보아야 할 것이다. 따라서 한자는 한중일 세 나라의 문화를 묶어주는 역할을 한다고 해서 3국 도시의 첫 두 글자를 따서 BeSeTo Belt라고 한다. 일본은 한자를 더욱 강화하였다. 2010년부터 1945자에서 사용빈도가 낮은 5자를 빼고 196자를 추가하여 2136자를 상용한자로 교육하고 있다. 북한에서도 초중등에서 2000자, 대학에서는 1000자를 더해 3000자를 교육하고 있다. 최근 남북관계가 정치적으로 평화무드로 가고 있으니 문화 교류는 당연한 정책으로 이어지면서 남북한의 언어 문제도 제기될 것이다.

북한 한글전용정책은 타산지석(他山之石)이 될 듯하다. 지구상에서 북한 같은 정치체제를 가진 나라는 없다. 과거 김일성의 정책은 불가능이 없었다. 그러나 우리보다 일찍 강행했던 한글전용만은 이루지 못했다. 한자어를 한글로 고쳐야 했을 때 벽에 부딪혔다.

예를 들어 심장의 고유어는 '염통'이다. 우리 조상들은 소를 식용과 비식용일때 나누어 썼다(폐/허파, 소피/선지, 신장/콩팥, 갈비/가리, 창자/곱창, 제1위/양, 제3위/처녑, 심장/염통). 따라서 '평양은 북조선의 심장이다.'에서 '평양은 북조선의 염통이다.'라고는 할 수 없었던 것이다. 한글 전용의 한계를 느낀 김일성은 1968년부터 다시 한자를 가르치라고 교시하였다. 한글전용정책이 해방 후 원인(遠因)과 근인(近因)의 역사를 거치면서도 몇 대학에서는 한자를 가르치고 있다. 한마디로 한글전용정책으로는 고급어휘가 사어(死語)가 되어 고급한국어를 기대할 수 없었던 것이다. 인하대학교에서는 한자 급수와 관계없이 전교생이 한 학기 한자교육을 이수해야 한다. 중앙대학교는 3급 취득, 고려대 문과대학교는 2급을 취득해야 졸업요건을 갖추게 된다. 『마법천자문』이 한때 초등학생들의 불법(?) 과외용 한자 교재로 베스트셀러가 되었다는 것은 무엇을 뜻하는 것일까. 한글 전용의 큰 피해 중 한 가지는 발음교육 부재였다. 발음교육을 할 수 없었던 큰 이유는 한국어발음의 근간(根幹)은 장단음이기 때문이었다. 즉 장단음의 한국어는 거의가 한자어이므로 발음교육은 곧 한자교육이었기 때문이다. 초등학교에서 발음교육의 기회가 두 번 있었다. 첫 번째는 1990년 4, 5, 6학년에 『말하기·듣기』라는 교과서가 있었다. 연구진 9명과 집필진 7명이 만든 책으로 '지은이, 문교부', '연구한이, 서울대학교 연구개발위원회', '펴낸이'

는 대한교과서 주식회사이다.

연구진과 집필진에 유일하게 서울대 언어학과 이현복 교수가 참여한 것은 총괄 책임자였기 때문이다. 필자는 KBS 한국어 연구회의 2대 회장을 역임한 사람으로 연구진에 참여하였다. 이현복 교수와는 한글맞춤법 및 표준어 개정 작업(문교부) 당시 같은 위원으로 참여한 인연이 있었다. 훗날 이현복 교수를 KBS 한국어 연구회가 1983년 4월 발족 당시 자문위원으로 모셔오기도 하였다. 책을 만들 때 'ㅓ:/ㅕ:/ㅝ:'는 단순장음과 달리 조음점(調音點)이 높은 모음이기 때문에 한국어 발음에서 중요한 위치를 차지하고 있다는 점을 강조하였다. 그리고 이 발음을 교과서에 반영시키기 위해 같은 생각을 갖고 있던 필자를 회의에 참석시키려고 노력하였다. 차례 가운데 이런 제목이 있다. '요약하여 말하기/알맞게 표현하기/속담/말놀이의 즐거움' 등이 있는데 속담 편에서는 '구슬이 서 말이라도 꿰어야 보배라는 말이 있듯이 속담을 써서 생각을 효과적으로 말하여보자.', '높임말을 써서 바르게 말하여 보자. 말의 억양에 대해서 알아보자.'라고 되어있다. 『말하기·듣기』교과서 제작회의에서 책의 어느 한 부분에 '남의 말을 귀담아 잘 듣는 것이 곧 말을 잘하는 것이다.'라는 구절을 넣어달라는 필자의 의견을 밝혔다. 그런데 문교부의 관계자는 나의 뜻을 '잘 듣는 것이 잘 말하는 것이다.'라고 잘못 반영하였다. 해방 이후 모처럼의 초등학교의 발음교육이 성공하기 위해서는 급선무가 있다고 문교부의 관계자에게 건의하였다. 그 내용은 초등학교 교사들 자신이 표준발음을 할 수 없기 때문에 교사용 카세트 테이프를 제작하여 보급하자고 하였다. 녹음의 제작은 KBS 남녀 아나운서들이 참여할 수 있기 때문에 큰 예산은 들지 않을 것이라고 하였다. 그러나 당시 문교부 담당자의 무사안일한 행태인 예산 타령으로 무산되었다.

그에 대한 대안으로 방학 동안 KBS 한국어 연구회 자문위원과 회원들이 강사가 되어 지역의 초·중·고등학교 교사를 중심으로 국어에 관심이 있는 도민대상 음성언어교육을 실시하였다. 영남과 호남 그리고 강원지역으로 나누어졌었다. 물론 처음 있는 색다른 행사인지라 호응은 좋을 수밖에 없었다. 그러나 모처럼 있었던 초등학교의 말하기 듣기 교육은 필자의 예상대로 오래가지 못하였다. 참으로 안타까운 일이다. 그리고 발음교육의 기회는 2006년 교육인적자원부의 국어연구 담당관이 국어발음의 필요성을 제기한 바 있었다. 이때 교학사라는 출판사에서 2학년~6학년 1·2학기 10권의 교과서에 발음부호 작업을 착수하였다. 작업이 끝난 후 전국의 초등학교 교사들에게 무료로 배포하려 하였으나 교육인적자원부에서 원인을 알 수 없는 이유로 반대하여 모처럼의 기회가 또 한 번 수포로 돌아가고 말았다. 기획협의진은 이승구 교학사 부회장(前국어심의위원) 외 8명, 연구집필진은 이계진 前국회의원(前국립국어연구원 강사)과 이규항(KBS 2대 한국어연구회장, 前국어심의위원)이었다. 그러나 집필은 당시 여러 사정으로 필자 본인 한사람이었다. 내용을 살펴보면 '인터넷의[의/에], 언어[어너], 폭력문제[퐁녁문:제]를 해결[해:결]하기 위해서는 인터넷 실명제를 실시[씨]해[해]야 한다.'와 같다. 그리고 주석을 다음과 같이 하였다.

사:실(事實)(명백한~)/사실(寫實)(~주의), 벌이다[버̄:리다](사업을~)/벌리다[벌̄:리다](두 사이를~)/버리다[버리다](휴지를~), 열다[열̄:다/고/지/열어[여러]어미에 모음이 오면 단음이 된다], 제:도(制度)(의회~)/제:도(濟度)(중생~)/제도(製:圖)(~연필)/제도(諸島)(다도해의~)

당시 교육인적자원부의 실무담당자는 발음교육의 필요성을 절감하여 교학사에 집필을 의뢰하였다. 그러나 담당자 윗선의 간부들은 발음교육이 곧 한자교육과 직결된다는 사실을 뒤늦게 알고 취소하였을 것이다.

그리고 책 맨 뒤에 '국어과 읽기 발음 자료집'에 이렇게 적혀 있다.

이 자료집은 학교 선생님들께서 정확한 발음을 할 수 있게 돕기 위해 개발한 것입니다. 이러한 실용 실무적인 발음 자료집의 개발은 건국 후 최초의 일일 것입니다.(요약)

70년 이상 한글전용과 한자혼용의 소모전(消耗戰)때문에 언어학적으로 한국어의 특성상 필수교육인 발음교육이 희생당한 셈이다. 요즈음은 보통 사람 만나기도 어렵고 '말 같은 말'을 듣기도 힘들다. 왜 국민들의 심성이 이처럼 거칠어졌을까. 이 땅의 상식인 들이 공통적으로 느끼는 걱정이다. '사람이 말을 만들고 말이 사람을 만든다.' 언어가 인간성에 미치는 영향을 갈파한 독일의 철학자 피히테(Fichite)의 명언이다. 미국 영어의 표준 발음은 언어학적으로는 중서부지역 언어라고 한다. 그러나 '미국의 표준어는 TV English이다.'라는 말에 더 정감이 가면서 평생 방송인으로 살아온 필자로서는 여간 부러운 말이 아닐 수 없다. 우리 국민 누구나 TV 출연자가 될 수 있으나 고정 진행자나 출연자는 될 수 없는 것이다. 요즈음 TV프로의 실상(實相)은 진행자와 출연자가 구별도 안 되고 많은 국민의 열망 가운데는 부동산 투기 다음에 TV 출연처럼 보일 정도이다. 방송 진행자의 조건은 표준어를 구사할 수 있어야 하며 외모는 혐오감을 주어서는 안 된다. 그리고 전문분야 프로는 전문가라야 한다. 특히 시사프로그램에서 더욱 그러하다. 대형 방송사의 아나운서가 되려면 천문학적인 경쟁률을 돌파해야 한다. 100여명의 정예화 된 현 KBS 아나운서 중 시청자들은 몇 사람의 아나운서 이름을 기억할 수 있을까. 필자가 존경하는 은사분 가운데 미남형 외모의 세계적 국어학자이신 이기문(李基文) 교수는 TV 출연을 평생 고사(固辭)하셨다. 자신이 사투리 사용자라는 이유 때문이다. 그러나 그분의 말씨는 표준 발음에 가깝다. 중증(重症)의 현 한국 방송언어의 현실에서 과연 교훈으로 받아들여질 수 있을까. 국어에 미치는 방송언어의 절대성을 보여주신 '대 국어학자'다운 언행(言行)일치의 선비정신이다.

TV가 없던 라디오 방송 시절에는 방송에서 사투리 사용이 문제 되지 않았다. KBS 남산시절 외부 출연 연사의 조건은 첫째 전문성, 둘째 언어표현력과 표준어였다. 표준어 규정 제1항은 '표준어는 교양 있는 사람들이 두루 쓰는 현대 서울말로 정함을 원칙으로 한다.'이다.

우리나라는 8도(道)의 말이 다르기 때문에 표준어 문제의 논의는 8:1로 불리하게 되어 있다. 나는 이 규정과 관련하여 TV 고정 진행자와 출연자의 조건은 적어도 교양 있는 말씨와 교양 있어 보이는 외모라야 한다고 생각한다. 우리나라의 표준어 사용 시기는 개화기 이후 근대적인 국가 모습을 갖추면서부터였다. 세계 어느 나라이든 문명국가가 표준어를 사용하는 이유는 국가 운영에 표준어의 철학적인 기능 때문이다.

첫째가 통일의 기능(Unifying Function)이다. '낭구/솔낭구'라면 알 수 없지만 '나무/소나무'는 전국의 어느 도민도 알 수 있다. 즉 한 나라 국민들의 원활한 소통을 위해 공통어(共通語)의 구실을 하고 있기 때문이다. 누구나 어느 지역의 말을 들었을 때 동향(同鄕)일 때는 정감이 가지만 타향 사람은 다소라도 거부감을 느끼는 것이 사실이다. 박정희 대통령이 서거 직전 구상했던 알려지지 않은 정책이 있다. 그것은 공직자가 사석(私席)에서는 고향 말을 써야하겠지만 공석(公席)에서는 표준발음을 쓰도록 한다는 내용이었다. 영남과 호남을 잇는 남해고속도로 개통의 목적은 동서의 물류교류와 영호남의 화합이었다. 산업도로로서 전자는 성공하였으나 후자는 만족할 수 없었던바 원인을 방언 때문이라 생각했던 듯하다. 예를 들어 영남출신 국회의원이 전국 방송을 했을 때 연설 내용이 훌륭하다고 해도 호남지역 주민들이 귀담아 듣지 않을 것이다. 이와 반대의 경우도 마찬가지일 것이다. 그것은 방언(方言) 때문이다. 국정 운영자로서 국민에게 일체감(一切感)을 주는 표준어를 등한시할 수 없었을 것이다. 박정희 대통령은 공직자의 표준발음사용은 한자의 장단음 부활로 1970년도 자신의 한글전용정책의 결자해지(結者解之)기회가 되었을 것이다.

표준어가 제정되었더라도 표준발음교육이 함께 따라주지 않는다면 선진사회라 할 수 없다. 우리나라의 국어교육은 음성언어교육을 외면한 문자언어교육뿐이다. 특히 방송에서 사투리가 판을 치면서 국어의 후진성을 극복하는 일은 방송인의 급선무이다. 그러나 음성언어교육을 학교에서 받지 않은 젊은 방송인들이 비표준이 지향사회는 곧 미개사회로 후퇴하는 사회라는 명제(命題)에 절감(切感)할 수 있을까. 방송에서 아나운서가 외면당하기 시작한 시기는 80년대 전두환의 신군부 시절부터이나. 국민의 관심을 TV에 고정시키는 우민정책으로 칼라 TV의 등장과 함께 무조건적인 시청률 끌어올리기로 외부 출연자들의 대거 기용 때부터이었다.

표준어에는 준거(準據)의 기능(Frame of reference function)이 있다. 준거란 표준과 기본에 따르는 정신이다. 표준어는 단순히 올바른 의사 전달의 도구가 아니다. 사투리, 방언이 자연어(自然語)라면 표준어/표준발음은 인공어(人工語)이다. 표준어(뚜껑/뒤집어지다) 비표준어(띠빙, 따꿍/디비지다)에서 보이듯 표준어는 발음이 쉽지 않다. 사람이 언쟁을 벌일 때 표준어로 다투는 장면은 떠오르지 않는다. 인공어인 표준어는 마치 교통규칙처럼 지키기가 쉽지 않다. 초등학교에서의 표준어/표준발음교육은 민주시민으로서 지켜야 할 준법정신을 언어라는 도구를 통하여 일찍이 또 다른 방법으로 가르치는 것이다. 표준어가 인공어인 이유는 어휘의 양산(量産)을 위하여 다양한 21개(단모음, 이중모음)의 모음 활용으로 만들어지므로 발음 또한 어려운 것이다. 한글이란 어원은 '한국어를 적는 글'에서 〈한글〉이 되었다는 설과 '하다' 곧 '크다'에서 〈큰말〉이라는 학자도 있다. 한글이라는 말을 쓴 최초의 인물에 관해서는 두 가지 설이 있다. 이종일 선생과 주시경 선생설이 있으나 주시경 선생이 지배적이다. 그러나 중요한 것은 옛날부터 써온 말이 아니라 근세라는 사실로 작명(作名)의 정신이 극단적인 배타(排他)애국주의/쇼비니즘(Chauvinism)에 있다는 사실이다. 따라서 한글날의 명칭도 합당하지 않다고 생각한다. 세종대왕은 한글이 아닌 훈민정음을 창제하셨기 때문이다.

한글날과 한글에 대한 단편적인 생각이다. 한글날은 한자를 결코 우리글에서 쓸 수 없다는 사실을 결의하는 대회처럼 보인다. 그리고 한글날은 '글의 날'이자 '말의 날'이어야 한다. 따라서 전국 규모의 어린이 대상, 국어책 낭독 대회라든지 시낭송대회 같은 행사가 있었으면 한다. 하기야 발음교육이 없는 국어교육의 현실에서 불가능하다는 생각이 안타까움으로 다가온다. 한글날에 즈음한 여러 백일장은 독서 장려 차원의 대회이며 소리 내어 읽는 우리말 경연대회는 없다. 언어의 미학(美學)은 문자가 아닌 말에 있는 것이다. 전세대(前世代) 문맹이셨던 우리의 할머니들 가운데는 문화재 같은 말씨의 소유자들이 많았다. 예전의 가정교육은 일찍이 어린 자녀들에 대한 말교육이었다. 어느 해

한글날 기념식장 행사장의 대회장과 사회자의 말씨는 방언이었으며, 당시 총리 한 분만이 표준어를 사용했다. 필자가 KBS 한국어 연구회에서 일할 때 한글학회의 고위 인사에게 전화가 걸려왔다. 앞으로 한글[한:글]을 아나운서들은 장음으로 발음해 품위를 지켜달라는 내용이었다. 나는 한글전용정책으로 인한 발음교육부재의 현실을 지적하면서 '말:/말, 밤:/밤, 눈:/눈' 같은 고유어의 발음교육반이라도 실시해야한다는 당위성을 강조하면서 응대(應待)하였다. 필자의 50년대 말 고등학교의 국어선생님은 주시경 선생의 아드님이신 주왕산(周王山)선생님이었는데 아어체(雅語體)라고 쓰셨던 판서(板書)가 떠오른다. 한자 혼용주의 학자이셨다. 어느 두 분의 원로와 중견 한글전용주의 학자의 명함을 받은 적이 있다. 한글 이름 옆에 한자를 병기(倂記)했는데 한글학자들의 새로운 로마자(字) 고안(考案)행태 만큼이나 이해가 되지 않았다. 반면 한자 혼용주의 학자들의 한자(漢字)의 쓰임은 지나쳐 독서에 방해가 된다. 예를 들면 '정월(正月), 교육부(教育部), 보도자료(報道資料), 확고부동(確固不動), 국민(國民), 국가(國家), 초등교과서(初等教科書), 촉구(促求)……등'으로 의미의 변별력(辨別力)과 관계없는 어휘들이다. 중도(中道)는 우리 모든 인간 세계에 두루 통하는 인간이 발견한 극단을 피한 평화주의이다. 이 글에서의 한자 표기의 빈도수(頻度數) 정도가 적당하다고 생각하는 바이다. 적당(適當)과 중도는 동위(同位)개념이다.

장단음의 원류(源流)와 오늘날의 음운형성 과정

세종대왕의 훈민정음(訓民正音) 창제(創製)의 참뜻은 무엇이었을까. 문자가 없어 뜻을 밝히지 못하는 백성들을 위해 새로운 문자인 훈민정음을 1443년 창제하셨다. 3년 후인 1446년 창제의 취지를 밝힌 서문인 예의(例義)와 정인지 등이 지은 해례(解例)로 되어 있는 판각본(板刻本) 훈민정음도 만드셨다. 그리고 2년 후인 1448년 신숙주, 최항, 박팽년 등이 세종의 명으로 편찬하여 간행한 우리나라 최초의 운서(韻書)인 동국정운(東國正韻)이 탄생되었다. 동국정운이란 우리나라의 바른음이라는 뜻이다. 우리는 이러한 일련의 과정에서 백성들에게 새로운 문자를 가르치는(訓民) 동시에 중국의 사성(평성(平聲), 상성(上聲), 거성(去聲), 입성(入聲))을 들여와 발음교육(正音)도 시키려 하였음을 알 수 있다. '나랏· 말: 쓰 미·'에서 상성(上聲) '말:'과 '랏·/미·'는 거성(去聲)으로 표시하였다. 즉 긴소리인 상성은 이점(:), 높은 소리 거성은 일점(·)의 방점(傍點)을 찍었으며 낮은 소리인 평성(平聲) '나/쓰'는 무점(無點)으로 처리하였다. 입성(入聲)은 국어의 음운에서는 받침에 해당되므로 곧 소멸되고 말았다. 즉 오늘날 한국어 장단음의 원류는 훈민정음 창제 당시로 거슬러 올라가며 당시 '상성·거성·평성'으로 출발한 삼성(三聲)은 오늘날 이성(二聲)의 장단음으로 정착되었다. 즉 현 국어의 장단음은 세종의 훈민정음 창제 참뜻의 유산으로 보아야 할 것이다.

우리나라에 한자가 들어오기 시작한 시기는 약 2천년 전 이므로 세종 당시는 1400년의 세월이 흐르면서 조선식(朝鮮式) 음운으로 변했음을 짐작할 수 있다. 그러나 음운학의 대가였던 세종께서도 외래어의 속성(屬性)에는 어두우셨던지 중국식 음운서를 완성한 책이 동국정운(東國正韻)이다. 이 저술에 대해 일각에서는 사대(事大)주의 운운한 사람도 있다. 당시 상류계층에서 사용했던 한자의 음이 당연히 중국어의 음운과는 달랐으므로 한국과 중국의 사신(使臣) 사이에 대화가 안 되어 역관(譯官)이 필요했을 것이다. 따라서 음악에 조예가 깊으셨던 세종께서는 동국정운의 발간으로 중국어의 사성(四聲)이 우리말을 음악성 있는 언어로 탈바꿈시킴과 동시에 한중 언어의 통일을 꿈꾸셨던 것은 아니었을까. 필자의 사견이다. 외국어와 외래어의 개념에 관해서는 오늘날의 이 시대에도 개념정립이 안 되었다. 외국어가 다른 나라로 가면 반드시 그 나라 언중의 '입맛'에 맞게 탈바꿈하여 발음하게 되는바 이런 속성을 음운체계에 따른다고 한다. 외국어 '어퍼트먼트/래디오'는 우리나라에서 언중들이 '아파트/라디오'로 발음하면서 외국에서 우리나라에 이민 온 후 국어에 편입된 말이다. 즉 외래어(外來語)는 엄연한 국어의 일부인 것이다. 외국도 마찬가지로 'HYUNDAI/현대'를 미국에서는 '하이운다이/현다이'로 부른다. 그리고 과거에 '서울'을 프랑스에서는 'Se[쎄]-ouL[울]'로 표기하였는데 훗날 아전인수 격으로 오인하여 오늘날 외래어 표기에서 'ㅓ[eo]'가 되었다.

동국정운(東國正韻) 한자발음	세종 당시 백성들의 한자발음
상례(常例) 썅녜	샹녜
대궐(大闕) 땡궗	대궐

항상 있는 예라는 뜻의 상례(常例)에서 '샹녜'는 오늘날의 '상례'와 발음이 비슷하며 대궐은 똑같다. 우리는 동국정운이라는 문헌을 통해서 이미 한자(漢字)가 조선식 음운으로 탈바꿈하여 한자(韓字)로 착근되었음을 알 수 있다.

상난음 성소(聲調)의 성격

한자음의 장단음은 성조에 따라 결정되는 경우가 대부분이다. 그러나 오랜 세월에 따라 일부 굳어진 장단음으로 대별된다. 단어의 첫음절에서만 긴소리가 나며 둘째 음절에서는 소멸된다(예: 한:국(韓國), (주:한(駐韓), 정:확(正確), 공정(公正)).

현 표준발음법 제3장, 제6항에는 단어의 첫음절에서만 긴소리가 나타나는 것을 원칙으로 한다.

1) 말:씨, 밤:나무
2) 참말, 쌍동밤(둘째 음절 이하에서는 단음)

다만 합성어의 경우 중첩(重疊)될 때에는 둘째 음절 이하에서도 긴소리를 인정한다(예: 반:신반:의, 재:삼재:사).

그러나 아나운서 세계에서는 둘째 음절 이하인 복합어에서도 장음은 항상 인정하여 길게 발음한다(예: 첫눈:, 함박눈:, 서울말:, 거:짓말:).

필자가 문체부의 국어심의위원 때 아나운서 세계에서 장음을 취하는 이유로 발음의 편의성으로서의 합리성을 주장하였으나 관철되지 못하였다.

그러나 둘째 음절 아래에서의 장음은 타당하나 '한박자' 개념의 장음의 발성은 어색하다. 1950년대 말 서울중앙방송국장이였던 이운용 선생은 독문학자이셨으나 한학(漢學)에 조예(造詣)가 깊어 장단음을 철저하게 지키셨다. '전국대:학방:송극경:연대:회'라는 시상식장의 상장(賞狀)낭독에서 장단음 길이의 비율을 한결같이 길게 하여 장내에서 폭소가 터진적이 있었다. 그 이후 KBS 아나운서들은 복합어일 때 2음절 이하에서는 반장음(半長音)으로 발음하는 것이 불문율(不文律)이 되었다(장음(:), 반장음(·)/예: 전국 대:학 방·송극 경:연대·회).

이러한 반장음 주장은 학계의 정설(定說)은 아니며 KBS아나운서실의 전통으로 내려오고 있다. 다만 학계에서는 『한국어의 발음연구』라는 명저(名著)의 저자이시며 한자성조(聲調)의 대가(大家)이셨던 난정(蘭汀) 남광우(南廣祐) 선생만이 이 반장음(半長音)성조를 고집하셨다. 역시 성조의 자연스러움 때문이었다. 1998년 필자와 김상준(金上俊) 박사가 공동집필한 『표준 한국어발음사전』

(이주행, 이규항, 김상준/지구문화사)에서는 표제어(標題語)에 반장음(ˑ)과 함께 KBS 아나운서 세계에서 학계와 달리 지켜왔던 장고모음(長高母音)을 다음과 같이 반영하였다(예: 성인(聖人)[성:인], 경사(慶事)[경:사], 원조(援助)[원:조]). 즉 ㅓ:[ə:]/ㅕ:[jə:]/ㅝ:[wə:]의 모음이 길게 소리 날 때는 조음점(調音點)이 높다. 따라서 단순(單純)장음과 구별하기 위해 하이픈(Hyphen) 부호(符號)를 장고모음의 음절 위에 덧붙였다. 장고모음은 단순장음에 비해 음상(音相)의 품격이 높은 것이 특징이다. 영어에서는 조음점이 모음사각도(四角圖)에서 가운데 있다하여 중앙모음(中央母音/Central Vowel)이라고 한다. 반장음과 장고모음의 부호표시는 위의 사전이 국어사전 역사에서 처음 시도된 일이다.

조음점이란 사격(射擊)할 때 발사 직전 손가락으로 방아쇠를 2단계까지 당긴 상태를 말한다. 즉 발성(發聲) 직전 혀의 위치를 뜻한다. 우리 조상들께서는 장고모음을 소중하게 여겼다. 따라서 경(景)의 경우 일반명사일 때는 '경치(景致), 경기(景氣), 경품(景品)'처럼 단음으로 하였다. 그러나 경덕(景德)[경:덕]여왕, 경복궁(景福宮)[경:복궁], 경모(景慕)[경:모]처럼 품위있는 어휘는 성조(聲調)를 높고 긴 장고모음으로 발음하였다. 이와 관련하여 우리 선조(先祖)들은 '장음=품격'이라는 관념으로 사월초파일(四月初八日)[사:월초파•일](부처님 오신 날)처럼 장음성조를 취하였다. 이에 따라 품격 있는 어휘인 전통(傳統)[전통]을 일반 언중(言衆)들이 장음으로 하는 경향은 매우 재미있는 현상이다. 드라마의 연출가로 평생을 보낸 방송인 안평선(安平善) 선생의 다음과 같은 지적에 귀를 기울여 봄직하다. 영등포(永登浦)는 [영:등포]가 아닌 단음의 추세를 인정한다 하더라도 한 인간의 세상하직(下直)을 표현하는 영면(永眠)[영:면]에서는 장음으로 품위를 지켜주어야 한다는 내용이다. 한자의 장단음에 대한 원칙에 앞서 고유어의 장단음은 어떠한 기준에 따랐을까? 표준발음법 제1장 총칙 제1항은 '표준발음법은 표준어의 실제 발음을 따르되 국어의 전통성과 합리성을 고려하여 정함을 원칙으로 한다.'에서 '국어의 전통성'이 전거(典據)이다.

예) 감:(떫은~), 눈:(雪)
  뒤:(앞~), 말:(언어)
  밤:(栗), 솜:(~이불)
  얼:(민족의~), 재:다(무게를~)
  처:음, 커:다랗다, 터:뜨리다
  파:랗다, 하:얗다
  까:맣다, 노:랗다, 빨:갛다
※색채형용사는 모두 장음이다.

한자(漢字)에는 성조(聲調, 발음)와 훈(訓, 뜻)이 있는데 대체로 성조에 따른 장단음을 지킨다.

예) '성(聲)'의 성조는 단음이며 '훈(訓)'의 성조는 장음이다. 따라서 성대(聲帶)[성대], 성명서(聲名書)[성명서], 성가(聲價)[성가[까]], 훈민(訓民)[훈:민], 훈련(訓鍊)[훌:련], 훈육(訓育)[후:늑]과 같이 발음이 일률적이다.

훈(訓)(뜻)에 따라 장단음이 달라지는 몇가지 경우의 예이다. 다만 '短/小'는 뜻의 이미지와 달리 성조는 특이하게 장음이다.

①단(短): 뜻(訓)은 짧다.
  그러나 발음(聲調)은 길다.
  예) 단음(短音)[다:늠], 단편(短篇)[단:편], 단축(短縮)[단:축]……
   따라서 '단음(短音)'의 소릿값/음가(音價)는 [다:늠]으로 장음이다.
②소(小): 뜻(訓)은 작다.
  그러나 발음은 뜻의 이미지와 달리 장음이다.
  예) 소:공동(小公洞: 서울 중구의 지명, 태종의 따님인 작은 공주가 살던 동네 소공주 (小公主)의 줄임말)

소설(小說)[소:설], 소뇌(小腦)[소:뇌], 소로(小路)[소:로], 소금(小金)[소:금]/꽹과리

③장(長): ㄱ. 뜻이 '길다, 오래이다'일 때 발음은 단음(短音)이다.

예) 장음(長音), 장수(長壽), 장기(長期), 장거리(長距離)……

ㄴ. 뜻이 '어른, 높다, 맏, 자라다'일 때는 장음(長音)이다.

예) 장로(長老)(어른)[장:노]/장관(長官)(높다)[장:관]/장남(長男)장녀(長女)(맏)[장:남/장:녀]/장성(長成)한 아들·딸(자라다)[장:성]

※장음(長音)의 발음은 [장:음]이 아니며 단음(短音)인 [장음]이다.

④강(强): ㄱ. '세다, 굳세다'일 때 단음(短音)

예) 강도(强度), 강조(强調), 강력(强力), 강장(强壯), 강대(强大), 강권(强權)[꿘](~발동), 강약(强弱), 강성(强性)[썽](~발언)

ㄴ. '억지로일 때'는 장음(長音)

예) 강도(强盜)[강:도], 강제(强制)[강:제], 강점기(强占期)(강제점령기)[강:점기], 강변(强辯)(우격다짐의 주장)[강:변], 강간(强奸)[강:간], 강권(술을 ~하다)[강:권], 강박관념(强迫觀念)(심리학용어/어떤 관념에 억지로 사로잡혀 억제할 수 없는 일)[강:박관념]

※강권(强權)[꿘], 강:권(强勸), 강:박관념(强迫觀念)에 유의.

⑤간(簡): ㄱ. '간략'일 때는 단음(短音)

예) 간편(簡便), 간단(簡單), 간명(簡明), 간소(簡素), 간이식당(簡易食堂), 간이역(簡易驛)

ㄴ. '편지' 일 때는 장음(長音)

예) 간찰(簡札)[간:찰], 간지(簡紙)(조선시대 질이 최고로 좋은 장:지(壯紙)로 만든 편지용 종이)[간:지], 간독(簡牘)(종이대용(代用)의 대쪽과 얇은 나무쪽)[간:독]

⑥종(從): ㄱ. '동종(同宗)'일 때는 장음(長音)

예) 종조부(從祖父)[종:조부], 종형(從兄)[종:형], 종질(從姪)[종:질]……

ㄴ. '따르다'일 때는 단음(短音)

예) 종사(從事), 종속(從屬), 종군(從軍), 종량제(從量制)(쓰레기의~)

⑦만(滿): ㄱ. '가득차다'는 장음(長音)

예) 만기(滿期)[만:기], 만원(滿員)[마:눤], 만장일치(滿場一致)[만:장일치], 만점(滿點)[만:쩜]

ㄴ. 그밖에는 단음(短音)

예) 만족(滿足)(행복의 뜻), 만주(滿洲)(지명)

⑧소(素): ㄱ. '희다, 채식'일 때 장음(長音)

예) 소복(素服)(희다)[소:복], 소찬(素饌)(고기와 생선이 없는 반찬)[소:찬], 소증(素症)(채식이 지나쳐 생긴 육식 욕구 증세)[소:쯩], 소묘(素描)(흰 바탕의 단색 그림)[소:묘]

ㄴ. '평소, 바탕, 질박(수수함)'일 때는 단음(短音)

예) 소행(素行)(평소의 행동), 소양(素養)(평소에 기른 교양), 소박(素朴)(질박), 소질(素質)(바탕)

⑨점(點): ㄱ. '점심(點心)[점:심]'의 뜻일 때 장고모음

불교 선종(禪宗)의 용어로 품위를 부여하다가 장음이 된 듯함

ㄴ. '수를 세다, 불을 켜다.'는 단음(短音)

예) 점수(點數)[쑤], 점검(點檢), 점화(點火), 점등(點燈)

⑩래(來): ㄱ. '오다'는 장음(長音)

예) 내빈(來賓)[내:빈], 내왕(來往)[내:왕], 내학기(來學期)[내:학기], 내학년(來學年)[내:학년]

ㄴ. '다음/내려오다'는 단음(短音)

예) 내일(來日), 내력(來歷)(내려오는 일/그 집의~)

⑪흥(興): ㄱ. '즐거움'은 장음(長音)

예) 흥미(興味)[흥:미], 흥진비래(興盡悲來)[흥:진비래], 흥취(興趣)[흥:취]

ㄴ. '일어나다, 번성하다, 행하다'는 단음(短音)

예) 흥망(興亡), 흥분(興奮), 흥행(興行), 흥부(興夫), 흥신(興信)

⑫사(思): ㄱ. '생각'은 장음(長音)

예) 사상(思想)[사:상]

ㄴ. '생각하다'는 단음(短音)

예) 사고(思考), 사모(思慕), 사춘기(思春期), 사유(思惟), 사변(思辨)

⑬분(分): ㄱ. '자기신분에 알맞은 한도, 아랫사람에게 명령을 내린다'의 뜻일 때는 장음(長音)

예) 분수(分數)[분:수], 분부(分付)[분:부]

ㄴ. '나누다'는 단음(短音)

예) 분수(分數)(수학용어)[분쑤], 분가(分家), 분계선(分界線), 분과(分科), 분권(分權), 분기(分期), 분단(分段), 분량(分量), 분별심(分別心), 분리(分離), 분만(分娩), 분배(分配), 분석(分析), 분포(分布), 분해(分解), 분화(分化)……

⑭필자가 한국어 발음사전 집필 때 표제어의 발음기준은 종래의 성조(聲調)가 중심이 되었다. 그러나 ※'동(同)'의 경우는 새로운 연구결과 임을 밝혀둔다.

동(同): ㄱ. 2음절에 뜻이 있는 실사(實辭)일 때는 무의식적으로 설명을 하게 되어 첫음절이 장음이 된다. 즉 절음법칙(絕音法則)(實辭+實辭)이 적용된다.

예) 동화(同化)[동:화], 동정(同情)[동:정], 동기(同期)[동:기], 동지(同志)[동:지], 동위(同位)[동:위], 동행(同行)[동:행], 동일(同一)[동:일], 동점(同點)[동:쩜], 동족(同族)[동:족], 동침(同寢)[동:침], 동인지(同人誌)[동:인지], 동명이인(同名異人)[동:명이·인], 동시(同時)[동:시], 동부인(同夫人)[동:부인], 동반(同伴)[동:반], 동석(同席)[동:석], 동향(同鄕)[동:향], 동고동락(同苦同樂)[동:고동 • 낙], 동본(同本)[동:본], 동급생(同級生)[동:급쌩], 동년배(同年輩)[동:년배], 동등권(同等權)[동:등꿘], 동업(同業)[동:업], 동조(同調)[동:조], 동심초(同心草)[동:심초]……

ㄴ. 2음절에 뜻이 없는 허사(虛辭)가 오면 연음법칙(連音法則)(實辭+虛辭)이 적용되어 단음이 된다.

예) 동화(同和), 동창(同窓), 동문(同門), 동갑(同甲), 동생(同生), 동서(同壻), 동료(同僚)……

⑮성조(聲調)와 관계없이 장단음(長短音)으로 굳어진 어휘

한자(漢字)의 우수성 가운데 우선 조어력(造語力)을 들 수 있는바 '대(大)'의 경우에서 실감할 수 있다. '대(大)'가 첫음절에 오는 경우의 어휘는 무려 872자이며 2음절일 경우는 24자이다.(1992.01.10. 동아한한(漢韓)대사전) 그런데 '대(大)'의 오늘날의 음운은 간단명료하게 자리잡아 언중(言衆)들의 불편을 덜어주고 있다. 언중이란 동일한 언어를 사용하는 사회 속의 대중이란 뜻이다. 한자의 또 한 가지의 장점은 상징성(象徵性, Symbol)으로 사람의 마음에 그림을 그려준다. (심상, 心象) 가까운 예로 불교의 교의(敎義)인 선(禪)과 중도(中道), 그리고 역사적인 인물인 세종대왕(世宗大王)[세:종대:왕]과 신라의 이차돈(異次頓)[이:차돈]이다. 특히 한글 표기의 세종대왕은 장음표시도 없어 상징성과 함께 품위성도 결여되어 있다.

대(大): ㄱ. 두 지명과 한 가지 생선이름에서만 단음

예) 대구(大邱), 대전(大田), 대구(大口)

ㄴ. 그 밖에는 장음이다.

예) 대가(大家)[대:가], 대가족(大家族)[대:가족], 대각(大覺)[대:각], 대감(大監)[대:감], 대개(大槪)[대:개], 대거(大擧)[대:거], 대검(大檢)[대:검], 대과(大過)[대:과], 대과급제(大科及第)[대:과급쩨], 대관절(大關節)[대:관절], 대통령(大統領)[대:통령], 대학(大學)[대:학], 대로(大路)[대:로], 대문(大門)[대:문], 대장(大將)[대:장], 대사大使)[대:사], 대기업(大企業)[대:기업], 대기(大氣)[대:기], 대도(大道)[대:도], 대동맥(大動脈)[대:동맥], 대륙(大陸)[대:륙], 대량(大量)[대:량], 대리석(大理石)[대:리석], 대만원(大滿員)[대:만원], 대망(大望)[대:망]……

정(正): ㄱ. 1월의 뜻일 때만 단음이다.

예) 정월(正月), 정초(正初), 정이월(正二月)……

ㄴ. 그 밖에는 장고모음(長高母音)이다.

예) 정확(正確)[정:확], 정통파(正統派)[정:통파], 정식(正式)[정:식], 정상(正常)[정:상], 정도(正道)[정:도], 정의(正義)[정:의], 정오(正午)[정:오], 정문(正門)[정:문], 정교사(正教師)[정:교사], 정규(正規)[정:규], 정당(正當)[정:당], 정면(正面)[정:면], 정반대(正反對)[정:반대], 정사(正史)[정:사], 정색(正色)[정:색], 정오표(正誤表)[정:오표], 정장(正裝)[정:장], 정전(正殿)[정:전], 정종(正宗)[정:종], 정정당당(正正堂堂)[정:정당당], 정견(正見)[정:견], 정사유(正思惟)[정:사유], 정어(正語)[정:어], 정업(正業)[정:업], 정명(正命)[정:명], 정정진(正精進)[정:정진], 정념(正念)[정:념], 정정(正定)[정:정](소승불교의 가르침)

수(手): ㄱ. 수첩(手帖), 수단(手段), 수공업(手工業), 수갑(手匣) (단음)

ㄴ. 수건(手巾)[수:건] (장음)

장(將): ㄱ. 장군(將軍), 장차(將次), 장래(將來)……(단음)

ㄴ. 장수(將帥)[장:수], 장병(將兵)[장:병], 장교(將校)[장:교], 장성(將星)[장:성], 장기(將棋)[장:기]……(장음)

매(賣): ㄱ. 매매(賣買)(단음)만 단음. 뜻은 팔다.

ㄴ. 매상(賣上)[매:상], 매물(賣物)[매:물], 매진(賣盡)[매:진], 매출(賣出)[매:출], 매장(賣場)[매:장], 매도(賣渡)[매:도], 매점(賣店)[매:점](장음)

ㄷ. 매:(買): 사다, 매:상(買上): 정부가 민간으로부터 물건을 사들이는 것/추곡매:상(秋穀買上), 매:점(買占): 폭리를 얻기 위해 물건을 휩쓸어 사두는 것/매:점매:석(買點買惜)

화(火): ㄱ. 화요일(火曜日)(단음)

ㄴ. 화재(火災)[화:재], 화전민(火田民)[화:전민], 화산(火山)[화:산], 화상(火傷)[화:상]……(장음)

⑯쌍둥이말/ 동형이의어(同形異義語)의 장단음

ㄱ. 일가(一家)[일:가](~친척)(一(실사)+家(실사))/한 집안

일가(一家)[일가](학문에 ~를 이루다)

ㄴ. 향수(鄕愁)[향:수](~에 젖다)

향수(香水)[향수](~를 뿌리다)

⑰정착(定着)되지 않아 혼란스러운 장단음을 정리한 예

의:: (義, 議, 儀, 意, 醫, 疑, 擬, 衣, 依)

*'의'는 이음절(二音節)의 긴소리이기 때문에 장음으로 통일하였다. 이 경우 성조(聲調)를 지켜 장단음을 가리는 일은 무의미하기 때문이다. 예) 의사(義士)[의:사], 의사(議事)[의:사], 의식(儀式)[의:식], 의사(意思)[의:사], 의사(醫師)[의:사], 의문(疑問)[의:문], 의사(擬死)[의:사], 의복(衣服)[의:복], 의지(依支)[의:지]

자(資):: 예) 자본(資本)[자:본], 자격(資格)[자:격], 자금(資金)[자:금], 자산(資産)[자:산], 자질(資質)[자:질], 자원(資源)[자:원]

미(美):: 예) 미성(美聲)[미:성], 미인(美人)[미:인], 미녀(美女)[미:녀], 미려(美麗)[미:려], 미모(美貌)[미:모], 미관(美觀)[미:관], 미전(美展)[미:전], 미국(美國)[미:국]

⑱훈민정음 창제 이전에 중국에서 들어온 한자(漢字)가 우리 문자가 되었으므로 국어의 음운법칙을 따라 표기와 발음이 일치하지 않는 경우이다.

ㄱ. 전주(全州)[전주], 전주(前奏)[전주], 전주(電柱)[전:주], 전주(箋註)[전:주](뜻을 설명한 주석(註釋)), 전주(前週)[전쭈](前(實辭)+週(實辭)/절음(絕音)법칙이 적용)

ㄴ. 전역(全域)[저녁], 전역(全譯)[저녁], 전역(轉役)[저:녁], 전역(前驛)[전녁](前(實辭)+驛(實辭)/절음법칙이 적용, 예)전역[전녁]을 출발하였습니다.)

ㄷ. 시간대(時間帶)[시간대](時間(實辭)+帶(實辭)), 지진대(地震帶)[지진대](地震(實辭)+帶(實辭)/절음법칙이 적용)

*대(帶)(Belt)는 뜻이 있는 실사이므로 뜻을 살려 발음하므로 [대]가 됨.

⑲단음의 성조(聲調)가 품격 있는 어휘이므로 장음으로 변한 경우.

현:(賢): 예)현모양처(賢母良妻)[현:모양처], 현명(賢明)[현:명], 현인(賢人)[혀:닌]

건물은 눈에 보이는 외장(外裝)과 눈에 안 보이는 내장(內裝)으로 이루어져 있다. 언어에서 외장이 표기(表記)라면 내장(內裝)은 발음에 비유할 수 있다. 영어를 배우는 초등학생들은 발음교육인 Phonics를 공부하지만 정작 국어의 발음공부는 하지 않는다. 이런 해괴망측한 현실을 어떻게 표현할 수 있는가. 외국어는 영어만이 아니라 제2외국어도 있다. 외국어의 학습은 필요한 사람이 필요한 외국어를 필요한 만큼 공부하는 것이 정도(正道)이다. 우리나라의 영어 열풍은 비정상적인 현상으로 정상적으로 돌아선다면 우선 가정 경제가 분명 좋아질 것이다. 일본의 영어정책은 전 국민에게 부담을 주지 않고 극소수의 사람에게 정예화(精銳化) 교육을 시키고 있다. 나의 지인(知人) 중 한 영문학자는 송강(松江) 정철(鄭澈)의 전집(全集)을 번역한 바 있는데 영어 정예화 교육의 한 예이다. 우리의 영어교육은 마치 언어 식민주의를 떠오르게 하고 있다.

한자공부는 모든 사람들이 막연하게 어렵다는 선입관을 갖고 있다. 한자교육에서 가장 중요한 일은 쌍둥이말/동형이의어(同形異義語)의 공부이다. 필자가 이번 집필에서 간추린 쌍수(雙數)는 700여 쌍으로 젊은 대학생이라면 6개월 이내에 습득할 수 있다고 생각한다. 고급 한국어를 위해 이정도의 시간은 투자해야 하지 않겠는가. 현 우리나라에서의 한자공부는 오로지 단순한 글자 익히기로 마치 음악에서 '도미솔'이라는 계명(階名)만 알고 정확한 소리를 내는 시창(視唱)을 못하고 있다. 일본어에서 한자는 음독(音讀)과 뜻으로 읽는 훈독(訓讀)이 있다. 예를 들면 美: 음독, [비/미], 훈독[우쯔꾸시이/요이/이시이]등으로 다섯 가지의 소리를 외워야한다. 이러한 사례 앞에서 어찌 한자발음 교육의 어려움을 논의할 수 있겠는가. 여담으로 '미인(美人)'은 [비진]으로 발음되는데 일본의 언중들이 '비'라는 음이 미인과 어울리지 않는다고 생각했다. 따라서 개인의 이름에서는 由美子/[유비꼬]가 아닌 [유미꼬]로 '비'대신 듣기 좋은 '미'로 바뀌었다고 일본의 NHK 아나운서 출신인 후지모도 도시가즈(藤本敏和) 교수가 나에게 들려준 적이 있다. 일본인들의 발음관심이 부러울 뿐이다.

일본을 대표하는 성악가인 메조소프라노 '사메지마유미꼬(鮫島有美子)'는 그의 음악성에 앞서 일본어를 가장 아름답게 표현해준 예술인으로 추앙을 받고 있다. 일본어는 기본모음(ㅏ, ㅣ ,ㅠ, ㅔ, ㅗ)이 5개인데 비해 한국어는 그보다 4배도 더 되는 21개(단모음/이중모음)나 된다. 이러한 풍부한 모음을 가졌음에도 음성언어(Spoken Language)에 대해 학계나 국민 모두 관심이 없어 품위 있고 아름다운 한국어를 들어볼 수 없게 되었다. 특히 방송인들의 무관심으로 국어의 황폐화가 어느 지경에까지 이를지 참으로 걱정스럽다. KBS의 경우 1970년대와 80년대 초 아나운서들은 방송을 잘못하면 방송정지를 당하였다. 잘못하는 방송의 객관적인 기준도 없었다. 피해자는 마치 고약한 성격의 인간이 무심코 연못에 던진 돌이 맞은 물고기에게는 치명적인 경우와 같은 것이라 하겠다. 뉴스를 어느 고위층이 듣고 마음에 들지 않는다고 신인 김상진 아나운서(고려대 KUBS 대학방송 개국공로자)가 무기한 방송정지를 당하였다. 그리고 80년초 신군부 때 이원홍 사장 시절 필자가 야구 캐스터로 이름이 알려져 있을 때였다. 두 게임의 야구경기를 30분으로 압축 편집한 녹화물을 생방송한다는 것은 어불성설이다. 방송정지 당한 필자를 위로한다고 세분의 방송인(장기범 선생, 조광현 해설위원, 이석희 해설위원)이 인천까지 간 적이 있었다. 특이한 일화(逸話)여서 상세히 적어보았다. 이 사건 이후 불합리성을 알게 되어 '先녹화 後편집'의 〈스포츠 하일라이트〉라는 프로가 생기게 되었다. 정구호사장 시절 미남의 고광수 아나운서가 노래자랑 사회를 맡았을 때 그의 재치 있는 말씨와 외모로 화제가 되었다. 고 아나운서는 평양말씨의 성대모사(模寫)도 잘하였다. 고광수 아나운서가 노래자랑과 별개의 프로인 귀순용사와의 대담프로에서 고급스러운 '끼'를 발휘하여 평양말투로 인터뷰이에게 단순히 "후기인상파 같이 생겼다."는 그 한마디로 엉뚱하게도 노래자랑 프로에서 하차하고 말았다. 아나운서들은 방송에 '끼'가 없다고 하면서 '끼'를 발휘하면 이처럼 아나운서 본분에서 벗어났다고 피해자가 되는 것이다. 그런데 참으로 이상한 현상은 소위 외부 M.C/출연자에게 방송정지를 시켰다는 말은 오늘날까지 단 한번도 들어보지 못하였다. 오늘날 저급(低級) 방송의 원인(遠因)은 '80년 초 전두환 군부시절 무리하게 시청률을 높이기 위해 막말을 거리낌 없이 아무렇게나 쓸 수 있었던 외부 출연자들의 등장부터이다. 근인(近因)은 근래에 들어와서 신분 상승의 지

름길인 방송출연을 위해 방송 부적격자의 무분별한 출연 등이다. 박정희 군사정권 당시에는 경직된 사회분위기에서 함부로 쓰는 허튼 말을 방송에서 사용할 수 없었기에 오히려 표준 방송언어가 보존(?)될 수 있었다고 할 수 있다. 앞의 글에서 3건의 아나운서 방송사고 중 첫 번째 라디오뉴스 방송의 김상진 아나운서는 높은 경쟁률을 거쳐 입사한 KBS를 그만두고 지역의 민방에서 근무하게 되었는데 결국 화병(火病)으로 젊은 나이에 세상을 뜨고 말았다. 과거에는 대학의 신방과 교수들의 방송평의 글을 자주 볼 수 있었는데 요즈음에는 저질 방송 걱정만 하는 시청자만 있을 뿐이다. 이 글에서 실명(實名)을 밝힌 것은 방송사(放送史)에서 자료가 된다고 생각했기 때문이다.

국어 발음의 근간(根幹)이 되는 장단음을 해방 이후 학계에서 최초로 연구하신 학자는 난정(蘭汀) 남광우(南廣祐) 선생이시다. 그리고 현실적으로는 한국어 음성언어 연구의 산실(産室)인 KBS 아나운서실에서 장단음의 국어를 지켜오고 있었다. 남광우 선생은 우선 고어사전(古語辭典)(1951)을 편찬하셨으며 이어서 동국정운식(東國正韻式) 한자음연구(漢字音硏究)(1966)를 내신 후 조선(朝鮮)한자음연구(漢字音硏究)(1969)로 박사학위를 취득하셨다. 그리고 한자어의 장단음/방점(傍點)을 모은 역작(力作)인 한국어의 발음연구(I)(1984, 일조각)와 한국어 발음연구(II)(1989, 인하대출판부)가 출간되었다. 『재미있는 한국어의 미학(美學)』에서 성조(聲調)와 발음의 전거(典據)는 남광우 선생님의 저서와 필자가 아나운서 시절 선배님들의 도제(徒弟)교육 그리고 자신의 연구자료에 따랐다. KBS 아나운서들의 국어사랑은 오랜 역사와 더불어 전통으로 이어져 오고 있다. KBS의 조직에서 역사에 걸맞는 전통이 있는 부서는 아나운서실뿐이라는 긍지를 갖고 있다. 이는 국어가 매개(媒介)가 되어 마치 장인(匠人)들의 도제교육(徒弟教育)(내림공부)처럼 수십 년을 면면히 이어오고 있다. 선배와 후배는 가르치고 배우는 형님 같은 선배와 아우 같은 후배로서 인간관계가 맺어져 오고 있다. 필자가 떠올려 본 방송언어의 탄생과 변천 과정을 시기별로 나누어 본 편년(編年)이다.

제1기는 자각기(自覺期)(1945~50)로 해방과 더불어 국어사랑이 곧 나라사랑이라는 선각자적 사명감이 불타던 시기이다. 이 무렵 아나운서의 전통/정통(正統)의 초석을 놓은 분은 1936년 보성전문을 졸업한 이계원(李啓元) 아나운서였다. 얼굴이 검다하여 아호가 현암(玄庵)이었다. 이 당시의 아나운서들은 한자세대로 한자의 성조(聲調)에 밝았다. 현암(玄庵)은 발음사전이라 불리울만큼 자고저(字高低)에 정통(精通)했다. 지금도 아나운서들은 장단음과 자고저라는 용어를 복수표준어처럼 쓰고 있는데 초기에는 자고저(字高低)를 더 사용했다. 현암(玄庵)의 뒤를 이어 전통발음을 이어 받아 고수(固守)해온 대표적인 아나운서들은 다음과 같다. 전인국(全仁國), 윤용로(尹用老), 민재호(閔齋鎬), 이성수(李聖洙), 문제안(文濟安), 윤길구(尹吉九), 이덕근(李德根), 이진섭(李眞燮), 장기범(張基範) 등이다. 이들 가운데 현암(玄庵)의 가장 많은 영향을 받은 분이 장기범(張基範) 아나운서(우리나라 최초의 스무고개, 노래자랑의 사회자)였다. 두 분은 고려대학교의 선후배였고 미국의 소리(V.O.A)에서도 함께 근무한 일도 있다. 이 무렵 아나운서들은 장단음을 지키는 정도에 따라 방송의 역량을 평가하였다. 우리나라의 음성언어/방송언어의 최초의 産室은 KBS 아나운서실로 보아 무리가 아닐 듯하다.

제2기는 계승기(繼承期)(1951~82)로 국어수호에 철저하여 아나운서는 최후의 국어 보루(堡壘)라는 자부심을 갖던 시기이다. 이 기간에는 국어학을 전공한 아나운서들이 입사함에 따라 음성언어의 이론적 체계의 초석(礎石)을 놓는 전환기(轉換期)이기도 했다. 표준발음법 제1장 총칙 제1항 '표준발음법은 표준어의 실제 발음을 따르되 국어의 전통성과 합리성을 고려하여 정함을 원칙으로 한다.'로 되어 있다. 이 조항은 이 무렵 아나운서실에서 표준발음을 정하던 헌법과 같았다. 예를 들면 '곤란(困難)'의 표기는 '곤난'이었으므로 아나운서들은 이 발음에 [골란]을 겪었다. 이런 곤경에 있을 때 길잡이는 아나운서실의 음성언어학교 교장격이었던 인천(仁泉) 장기범(張基範)계장이었다. 인천(仁泉)은 선친이 한학자였기 때문에 한자의 성조(聲調)에 조예가 깊었으며 전직이 초등학교 교사였으므로 국어교육의 이력을 갖고 있었다. 더불어 선천적으로 언어의 감각이 뛰어났다. 장기범 계장의 당시 별명은 발음의 모범(模範)을 입(口)으로 가르쳐 준다 하여 이름 '기범'과 비슷한 구범(口範)이었다. 또 당시 외래어의 발음 문제가 심각했다. 예를 들어 '라디오/래이디오/아나운서/어너운서'에서 결단이 서지 않았을 때 인천(仁泉) 선생의 판단은 지금도 외래어 발음의 대원칙으로 통하는 "수수하게 하십시오."였다. 마치 선(禪)불교에서 득도한 선승(禪僧)의 법어처럼 명쾌(明快)했다. [의]의 음가(音價)/소릿값은 '①첫음절에서는 〈의〉의사, 의견, 의문 ②둘째 음절에서는 〈이〉강이, 회이, 논이 ③관형격에서는 〈에〉나에, 우리에'로 하였다. 일찍이 1950년대 KBS 아나운서실의 이와같은 불문율(不文律)은 발음의 합리성과 발음경제에 따른 결정이었다. 1989.3.1.에 문교부가 시행한 표준발음법의 조항에 "단어의 첫음절 이외의 〈의〉는 [ㅣ]로, 조사(助詞)의 〈의〉는 [ㅔ]로 발음함도 허용한다."로 규정하고 있다. 이처럼 KBS 아나운서들은 표준발음법 7장이 제정되기 30여년전부터 한국어의 발음에 선도자(先導者)의 자리에 있었다. 그리고 국어는 표기와 발음의 관계에서 '표기=발음'이 아니며 '일자일음(一字一音)'이 아닌 복수발음도 있음을 학계에 암시(暗示)해준 셈이다. 나는 아직도 한국어를 가장 품위 있고 음악성 있게 연주(演奏)한 제1의 아나운서로 인천(仁泉) 선생을 꼽고 있다. 천부적인 아카데믹한 음색(音色)과 국어 발음의 생명인 모음의 음가(音價)/소릿값에 철저했으며 발음 장애가 없었다. 영화의 한 장면에 인천(仁泉) 선생의 짤막한 뉴스가 나온 적이 있었다. 그 내용은 "범인 체포는 시간문제라고 낙관적인 견해를 표명했습니다."였다. 당시 영화 상영은 일류 극장에서 끝나야 이류 극장에서 할 수 있었다. 청계천 4가의 천일극장에 나는 이 짤막한 아나운스먼트에 반해서 두 번 극장 출입을 하였다. 아나운서 장기범의 방송을 기억하는 분들은 나의 이와 같은 별난 경험을 부자연스럽게 느끼지 않을 것이다. 나는 한국방송언어의 세계에서 1950년~'60년대를 방송의 황금기로 보고 있다. 그 대표적인 인물이 뉴스와 애들립 분야에서 장기범 아나운서의 〈스무고개와 KBS 낮12시뉴스/V.O.A뉴스〉, 전영우 아나운서는 동아방송의 〈12시 뉴스와 유쾌한 응접실 공개 방송〉이다. 아나운서들의 음색(音色)은 부드러운 목성(木聲)과 절도(節度)와 박진감이 있는 금속성(金屬聲)으로 대별된다. 목성(木聲)의 우아한 장기범, 전영우 아나운서와는 다른 세계인 금속성(金屬聲)의 임택근(任宅根), 이광재(李光宰) 아나운서의 축구중계는 음성언어세계에 또다른 금자탑(金字塔)을 이루어 놓았다. 금속성의 음색(音色)은 축구경기와 잘 어울린다. 2002년 월드컵 당시 미국의 이민자였던 이광재 아나운서를 모든 경비를 부담하여 초청, 임택근 아나운서와 중계를 담당하게 했던 사실은 방송언어의 역사에 오래 기억될 것이다. "방송한 후 청취자로부터 아무런 말이 없으면 잘한 방송이라구!"라는 이광재 아나운서의 평소 습관적인 혼잣말에서 청취자들의 반응 때문에 온 정성을 쏟아 방송을 했던 아나운서들의 방송태도를 엿볼 수 있다. 체육의 세계는 신기록으로 과거가 묻히게 된다. 그러나 예술의 세계는 과거가 더 위대한 경우가 있다. 미술의 미켈란제로와 피카소, 음악의 베토벤과 모차르트가 있다. 불후(不朽)의 이태리 명곡인 'O Solemio'를 음반 한 장에 열 명의 테너가 부른 Ten Tenor 음반이 있다. 여기에서 1950년대와 60년대에 활약했던 이태리의 테너 '스테파노'의 노래는 군계일학(群鷄一鶴)으로 이 곡목만큼은 더 잘 부를 가수가 앞으로도 없을 것이다. 또한 이태리의 벨칸토(Bel Canto/18C 이태리에서 성립된 미성(美聲)에 치중하는 발성법) 창법(唱法)의 창시자인 '베니아미노질리'의 음악세계 또한 독보적(獨步的)으로 영원할 것이다. 장기범, 전영우, 임택근, 이광재 아나운서의 방송은 이에 비유할 수 있다. 1960년대 전후시기 KBS 아나운서실에서는 '조건(條件)/[조껀]', '헌법(憲法)[헌:뻡]', '사건(事件)[사:껀]'으로 발음했는데 한글학회에서는 표기대로 발음하지 않는다고 항의하는 '사:껀'이 벌어지기도 했다. 당시 조선일보에는 한글전용의 논설위원 H모 씨가 위와 같은 논조의 항의 전화를 했을 때 역시 방패막이는 장기범 계장이었다. 수사(數詞)에서 서수(序數) '2:, 4:, 5:', 양수(量數) '둘:, 셋:, 넷:, 열:'의 장음도 필자가 이 무렵에 배운 발음법이다. 특히 'ㅓ:/ㅕ:/ㅝ: '는 장고모음인데 유일하게 '열:'만 단순장음(單純長音)이라는 점은 학교에서 배우지 못한 발음법이었다. 그 이유는 '하나[♪+♪]/두울(♪+♪)[둘:]/세엣(♪+♪)[셋:]/네엣(♪+♪)[넷:]/다섯(♪+♪)/여섯(♪+♪)/일곱(♪+♪)/여덟(♪+♪)/아홉(♪+♪)/여얼(♪+♪)[열:]'로 '둘:, 셋:, 넷:, 열:'이 장음이 된 이유는 1음절을 다른 숫자 2음절과 맞추다보니 길어졌으며 '열:'의 단순장음인 이유도 알게 되었다. 또한 1960년대 초까지는 1961[일천구백 육십일년]처럼 읽었으나 '60년대 중반부터는 억(億)단위 이상의 숫자에 [일]을 붙여 읽었다. 인천(仁泉)은 현장 방송언어에 엄격하였으나 "방송은 실수가 따르는 직업"이라고 자주 방송의 어려움을 들려주었다. KBS 남산시절 아나운서실의 분위기는 선배는 후배의 방송을 모니터하여 지적해주었다. 가끔은 재치 있는 농담으로 폭소가 터지기도 하였다. 당시 최고의 인기 아나운서였던 강영숙(姜映淑) 아나운서가 생방송을 마치고 들어왔을 때 인천(仁泉)은 '건:조한 날씨에……'를 '建造[건:조]'가 아닌 '乾燥[건조]'라고 지적하였다. 당시 아나운서들은 마이크 공포에 앞서 인천(仁泉) 선생의 얼굴이 떠오른다고 하였다.

제3기는 발전기(發展期)(1983.4~현재)로 한국어 연구회가 KBS 아나운서실에 탄생되어 국어학계의 원로(元老), 중진(重鎭) 학자를 고문과 자문위원으로 모시고 상아탑(象牙塔)의 학문과 현장언어가 산학(産學)협동의 정신으로 만나게 되어 방송언어/음성언어의 신기원(新紀元)을 이루게 되었다. 1961년 MBC 문화방송(아나운서 초대실장 최계환(崔季煥))이 생긴 후 1963년 DBS 동아방송(초대실장 전영우(全英雨)), 그리고 훗날 1990년 SBS 방송(초대실장 이계진(李季振))이 다시 생겼다. 남산 시절 KBS 아나운서의 국어사랑의 전통은 '민방' 아나운서실로 이어졌다. 인천(仁泉) 장기범(張基範)선생은 민방(民放) 아나운서 세계의 초석(礎石)의 중요성을 인식하여 문화방송과 동아방송 1기 아나운서 시험의 시험관으로 참여하였다. 인천(仁泉)은 수시로 방송을 모니터하여 직접 민방 아나운서들의 방송도 지적해 주었다. 인천(仁泉)은 모든 방송인의 사표(師表)이자 또한 한 시대를 풍미(風靡)했던 인기 아나운서였다. 반면 지사(志士)의 천품(天稟)으로 태어난 선생은 거듭되는 군부의 쿠데타로 인한 격동의 세월을 헤쳐 나가기에 힘겨웠던지 62세를 일기(一期)로 일찍 이 세상을 하직하였다. 인천(仁泉)은 나에게 학교에서 배우지 못한 실용국어와 방송과 인생철학을 가르쳐 주었다. 선생의 은덕을 잊지 못하는 방송인들은 1988년 작고하신 이래 한 해도 거르지 않고 30년 동안 강화도의 묘소를 참배하였다. 세계 어느 직장의 역사에도 없는 일일 것이다. 그리고 이계진 아나운서(전국회의원, 2선)는 넉넉하지 않은 가정 경제임에도 1억을 내놓아 10여년동안 장기범상 시상(施賞)을 하고 있다. 유학(儒學)의 조선시대도 아닌 오늘날 이런 아나운서의 세계가 있다는 사실을 기록으로 남기고 싶다. '살아있어도 산 것 같지 않게 사는 사람, 죽었으되 죽지 않은 것처럼 사는 사람/生不生, 死不死'라는 이 시대의 큰 어른이셨던 법정(法頂)의 은사스님인 효봉선사(曉峰禪師)의 법어(法語)가 떠오른다.

2000년 전 우리나라에 들어온 한자는 세종대왕 때 중국의 사성(四聲)이란 성조(聲調)의 옷을 들여와 조선식(朝鮮式)으로 갈아입혔다. 조선(朝鮮) 500년간 한문(漢文)에서 성조가 유지되어 오다가 근대로 접어들면서 현대어에 접목(接木)되었다. 이와 같이 장단음으로 접목되는 과정을 집대성(集大成)한 역저(力著)가 남광우(南廣祐) 선생의『한국어의 발음연구(I, II)』이다. 그리고 한자(漢字)에서 한자(韓字)로 바뀐 장단음의 어휘는 3가지로 요약할 수 있다. 1) 15세기의 방점(傍點) 성조가 그대로 계승된 장단음, 2) 당시의 성조를 따르지 않고 뒤바뀐 장단음, 3) 당시의 성조(聲調)를 모방하여 새로 태어난 현대의 장단음의 총화(總和)라 하겠다. 해방 후 KBS 아나운서들은 현대화(現代化)된 장단음의 국어를 가꾸면서 언어의 꽃을 피웠던 것이다. 이 세상에는 변하는 것과 변하지 않는 것이 있다. 또한 변해야 할 것과 변하지 않아야 할 것도 있다. 최근 한 일본인 방송인은 아직도 NHK 아나운서는 입사 후 교육과정이 60년 전과 똑같다고 하였다. 노래할 때 악보(樂譜)의 음정과 박자를 지킨다는 사실은 시대를 초월한 당위성(當爲性)이라 하겠다. 아나운싱의 이상(理想)은 듣는 사람에게 미감(美感)을 주는 Recital(연주, 演奏)하는 듯한 발성에 있다. 음악의 세계에는 대중음악과 고전음악의 세계가 있다. K-POP 이후 인스턴트 뮤직(Instant music) 세계인 방탄소년단이 등장했다고 베토벤과 모차르트의 음악세계는 사라지지 않으며 영원할 것이다. 방송의 아나운싱 기법(技法)에서 고전음악에 비유할 수 있는 아나운서 고유의 소리세계를 아나운서들은 지켜나가야 하지 않겠는가. 필자가 지어본 신조어(新造語) "언어운사(言語運士)는 언어의 테크니시언이며 언어운사(言語運師)는 국민의 국어교사이다."라는 명제(命題)는 언제나 유효(有效)하리라 믿는다.

현역시절 원로(元老) 국어학자 모임에서 "표준말을 구사할 수 있는 아나운서는 인간문화재가 되어야 한다."는 나의 다소 엉뚱한 제언에 대부분의 참석자들이 동의하는 듯하였다. 몇 년전 아나운서 선후배 야유회 현수막의 글귀를 이계진 아나운서가 만들었다. '장단음기능 보유자 인간문화재 음주대회' 아나운서는 적어도 어느 때 어느 자리에서도 이런 정도의 자긍심(自矜心)은 있어야 하지 않겠는가. 음악의 세계에서 피아노는 악기의 왕(王)이라고 한다. 그러나 한 성악가의 노래를 위해서 100여 명의 연주자들이 존재한다. 어느 세계적인 지휘자는 사람의 성대(聲帶)는 조물주(造物主)가 인간에게 주신 최고의 악기라고 하였다. 아나운서들의 다양한 음색(音色)의 미성(美聲)은 선천적이다. 모든 세계의 위대함은 만들어지는 것이 아니라 태어난다고 하였다. 아나운서는 천직(天職)으로 아무 사람이나 할 수 있는 업(業)이 아니다. 세상에서 중요한 것은 눈에 보이지 않는다고도 하였다. 이 사회의 거의 모든 조직사회에는 역사와 함께하는 전통이 거의 없다. 전통이란 어느 사회나 조직에서 가치있다고 생각되어 선배들이 후배들에게 물려주는 '진·선·미의 그 무엇'이라고 생각한다. KBS 아나운서실장실에는 청와대와 백악관의 대통령 집무실에도 없는 역대 아나운서들 503명 이름이 적힌 족보(族譜) 문화재가 있다. 4폭의 족자 가운데 제목은 기일(其一)에 '서울 중앙방송국(中央放送局) 아나운서실(室)을 빛낸 사람들'로 첫줄에 '이옥경(李玉慶), 김영팔(金永八), 이혜구(李惠求), 이하윤(異河潤), 이석훈(李石薰)' 선배가 씌여 있다. 참고삼아 이혜구(李惠求) 선생은 훗날 서울음대국악과 교수로 이하윤(異河潤) 선생은 비교문학 전공으로 대학교에서 평생을 지내셨다. 바이올린이란 악기는 연주자(演奏者)에 따라 바이올린도 되고 옛날 약장수들의 도구(道具)였던 깡깡이(바이올린의 속칭)도 된다. 현대는 자격증 시대임에도 방송계에는 공개검증과 소정(所定)의 교육도 받지 않은 이른바 전문 M.C들의 전성(全盛)시대이다. 뛰어난 예체능인은 선천적으로 태어나는 법이다. 그러나 한국의 많은 방송스타는 후천적으로 만들어졌다. 이들은 일반 서민 근로자들은 상상할 수 없는 부(富)도 누리고 있는 이 사회의 특권층이다. 흔히 아나운서들은 '끼'가 없다고 한다. 시청자에게 거수(擧手)경례를 하는 어느 외부 진행자의 그러한 돌출(突出)행태가 '끼'란 말인가. 방송에서의 '끼'는 '광기(狂氣)[광끼]'의 '끼'가 아닌 '재기(才氣)'의 '끼'여야 한다. 그리고 소위 국민 M.C들의 프로는 구성(構成)에서 이미 시청률을 확보해놓은 경우가 많다. 악화(惡貨)가 양화(良貨)를 몰아낸다는 '그레샴의 법칙'이 판을 치는 한국의 특수한 방송풍토에서 옥석(玉石)의 구별 능력을 상실한 한국의 시청자들은 '깡깡이의 소리'를 '바이올린 연주'로 착각하고 들으면서 '말씨'도 닮아가고 있다. 금년 SBS 아나운서 시험에는 작년보다는 500명이 적은 3천5백여 명이 응시, 단 2명이 합격되었다. 이러한 경쟁률의 직장이 세계 어느 나라에 있겠는가. 현 서울 본사 KBS 아나운서실에는 100여 명의 우수한 정예(精銳) 방송인이 있다. 그러나 시청자들은 과연 몇 명의 KBS 아나운서의 이름을 기억하고 있을까. 정계(政界)에서 올바른 세상을 만들기 위해 쓰이는 적폐라는 말이 방송계에서는 진부한 헛소리로 들릴지도 모른다. "사람의 말의 내용을 듣기 전에 말씨에 귀를 기울여라."인디언들의 가훈(家訓)이다. 사람이 책을 만들고 책이 사람을 만든다고 한다. 또한 사람이 만든 말이 사람을 만들 듯이 현 한국의 방송언어가 한국민을 만들어가고 있다.

글을 마치며 드리는 말씀

일상에서 싱겁고 재미없어 따분한 사람을 문법학자 같다고 한다. 필자로서는 글을 '쉽다, 재미있다, 메시지가 있다'는 신조로 쓰려고 하니 힘에 부칠 때가 많았다. 항상 메모지를 갖고 다니며 전철 같은 데서도 떠올랐던 생각을 적기도 하였다. 음성 언어의 역사에 작은 기념비가 되기를 바라는 욕심이 힘이 되어 한국아나운서 클럽회보에 발음이야기를 5년 동안 버티며 쓸 수 있었다. 발음이야기는 국어의 표준발음법 7장을 쉽게 풀이한 글이다.

세계 언어의 악센트를 분석하는 작업을 했던 미국의 CNN 방송에서 "한글의 우수성을 자랑하는 한국어가 듣기 좋은 국어는 아니다"라고 평한 적이 있다. 문자 언어 교육 일변도의 국어학계에서 이제는 발음 교육 문제를 심도 있게 고민해볼 때가 되었다고 본다. 이 책을 집필 중 필자가 힘들어할 때마다 격려의 전화를 주셨던 관봉(觀峰) 이계진 의원에게 감사의 뜻을 전하는 바이다.

한국아나운서 클럽회보에 만년필로 쓴 글을 자판으로 옮기며 다듬느라 애쓴 아나운서클럽회보 정인(晶仁) 황인우 편집장에게 감사의 뜻을 전하는 바이다. 「재미있는 한국어의 미학」은 연재물 발음이야기와 시차를 두고 새로 쓴 글이기에 중복된 내용이 있다. 독자께서는 필자가 강조하고 싶은 대목이라고 생각해주셨으면 한다. 그리고 이 책의 특징은 끝까지 다 읽지 않고 예사소리와 된소리 「ㅔ와 ㅐ」에 의한 어휘도감, 동형이의어/쌍둥이밀의 모음집만 보아도 한

국어의 특성을 음미하면서 고급어휘를 익히게 만들어졌음을 밝히고 싶다. 느낌을 다루는 학문을 미학(美學)이라고 한다. 국어학을 전공하지 않은 사람이라도 국민 누구나 한국어의 본질을 쉽게 느끼며 다가갈 수 있는 책이라 한국어의 미학이라 하였다. 그리고 단순히 음독(音讀)만으로 한자를 배운 독자를 위해서는 성조(聲調)가운데 불규칙 동사와 같은 모든 규범을 밝혀 놓았다.(장단음의 원류와 오늘날의 음운형성 과정)

나는 다시 태어나도 아나운서의 길을 밟[밥:]겠다.

추천사

저자 이규항 아나운서는 맑으면서도 무게 있는 목소리의 주인공이다. 오늘의 명언 등의 내레이션과 야구와 씨름 등 중계방송, MC 등으로 당대를 감동시킨 아나운서이다. 그는 방송을 음악에 비유하면서 뉴스방송은 단순한 방송이 아니라 리사이틀(recital)이라고 강조한다.

그는 요즘 서예에 빠져 있다. 서예에서의 운필법(運筆法) 등 시법을 익히는 절차탁마(切磋琢磨)의 과정 또한 아나운싱을 위한 훈련과 다를 바 없을 것이다.

〈재미있는 한국어의 미학〉은 아나운싱을 업으로 하는 분들과 한국어를 연구하고 교육하는 분들에게 많은 도움이 되리라 믿는다.

김상준(언론학박사, 한국어연구회장, 전 KBS아나운서실장)

손끝을 통하여 이루어지던 현란한 言語遊戲가 바야흐로 현실의 언어생활에까지 영향을 미치는 시대가 되고, 이에 따라 문자의 역할과 비중이 높아지게 되면서 발음에 대한 가치나 중요성은 상대적으로 低下되고 있습니다. 이러한 현실에서 등장한 이 책은 정확하고 올바른 발음의 중요성과 가치에 관하여, 저자 자신이 오랜 기간 동안 방송 아나운서로 활동하면서 체득한 내용들을 정리한 實用 한국어의 白書라 할 만합니다. 특히 표기와 발음이 일치하지 않는 한국어의 同形異義語/同形異音語/쌍둥이말 등에 관하여 長音과 短音, 예삿소리와 된소리, 모음 '애'와 '에'의 발음 구분을 적절한 그림과 함께 제시한 語彙圖鑑은 이 책의 白眉라 하겠습니다. 이 책이 한국어를 바르고 정확히 알고 익히려 하는 이들에게 언어적 새미와 함께 학습에도 큰 도움을 줄 것으로 기대합니다.

– 南基卓(江原大 國語國文學科 名譽教授, 韓國語文教育研究會 前 會長)

대학을 졸업하고 kbs 4기 신입아나운서로 입사했을 당시 어쩌다 꿈에 떡 맛보듯 아나운서가 되긴 하였으나 참으로 막연했던 기억이 난다. 전공도 방송과는 무관한 이과생으로 아나운서 연수는 생소한 또 다른 도전이었다.

대부분의 모국어 화자들은 자신의 모국어를 보다 전문적으로 접근했을 때 상당히 어렵다고 느낀다는 것이 언어학자들의 공통된 견해이다. 나 역시 하루종일 '표준한국어'의 고저장단을 몸으로 익히느라 어려웠던 기억이 있다.

익히 알다시피 아나운서들이 표준한국어를 구사한다고 하지만 실제로 완벽한 장단음과 한국어의 높낮이를 제대로 실현하는 아나운서는 무척 드물다고 할 수 있는데 이규항 실장님이야말로 무형문화재급이셨다. 그런 분에게 직접 우리말의 고저장단에 대한 이치와 시연을 보고 듣고 배울 수 있었던 것은 큰 행운이었다.

이제 대선배이신 이규항 실장님의 역작이 빛을 보게 된 것을 진심으로 축하하며 그림으로 설명하는 국어의 이치에 대해 벌써부터 기대가 크다.

– 박경희(홍익대 교양학부 초빙교수, 전 아나운서 실장)

말이 경쟁력인 시대에서 과연 말을 잘하기 위한 가장 기본 조건은 무엇일까.

품위 있고 격조 있는 말이 됐든, 털털하고 친근한 말이 됐든, 전달력이 있어야한다. 그리고 전달력의 기본은 정확한 발음이라 할 수 있다. 많은 사람들이 이해하는 표준발음으로 올바르게 표현할 때 우리말은 더욱 아름다워진다. 꽃의 향기가 꽃의 아름다움을 더하듯이 표준 발음은 우리말의 아름다움을 더욱 빛나게 한다. 후배 아나운서들의 전형이며 우리말 정통 발음의 이론과 실제를 겸비하신 이규항 대선배님이 전하는 우리말과 관련한 아름다운 유산이

빼곡히 담겨있다.

— 박현우(KBS한국어신용원상, 아나운서)

2018에 새로 편찬된 초등학교 4학년 국어 교과서를 보면 받침에 따라 발음이 변하는 것을 가르치고 있나. 이 발음 교육은 더 확장될 것으로 보인다. 늦은 감이 있지만 "첫술에 배부르랴."라는 속담을 되새겨 보며 그나마 다행이라 생각한다.

발음 교육이 성공하려면 무엇보다 참고 서적의 출판과 함께 교사의 재교육이 필요한데, 발음 교육을 시작했지만 정작 손쉽게 참고할 만할 책이 없는 상황에서 초등학생은 물론 교사까지, 그리고 모든 방송인이 필독해야 할 "재미있는 한국어의 미학"이 나오게 되어 참으로 다행이다. "7년 가뭄에 비가 내리는 느낌이다." 교사의 재교육은 정부에서 그간의 실패를 거울삼아 담당할 몫이지만, 아나운서의 참여가 필수적이라고 본다.

저자는 20대부터 평생을 표준 발음을 위해 연구하고 실천한 '표준 발음 국보'라고 이를 만한 사람이다. 국어심의회 위원으로서 표준 발음법 제정에 참여하고, 방송의 품격을 위해서는 물론 후진 위해 대학 등 교육기관에서 끊임없이 노력한 사람이다. 축적된 그동안의 연구와 자료를 바탕으로 힘들이지 않고 읽을 수 있는 역저를 내었다.

저자는 이번 책 발간 이전에도 "표준 한국어 발음 사전" 과 2005년에 초등학교 "국어과 읽기 자료집" 10권 등을 낸 바 있는, 이론과 실무를 겸한 표준 발음 전도사이다.

— 이승구(㈜교학사 부회장)

눈초 이규항 선생은 방송계 아나운서 후배요, KBS에서 함께 근무한 전문직 방송인이다.

고려대 국어국문학과를 졸업한 눈초는 아나운서 및 동 실장으로 한 평생 방송 발전에 공헌한 가운데 특히 야구와 씨름 경기 실황 중계방송은 타의 추종을 허하지 아니했다.

그의 중후하고 매력적인 저음은 고성능 마이크를 통해 그의 방송 품격을 일층 더 격상시키기도 했다. 팝송 가수 팻 분을 방불케 하는 그의 음성은 한 때 가요 곡 '네 잎의 클로버'로 당시 장안의 화제를 모은 적이 있다.

국어학계 중진 김민수 교수를 오랫동안 사사, 학과 덕을 겸비해 온 그의 학문적 노력은 정진을 거듭한 끝에 마침내 우리말 한자음 연구로 독자적 지위를 구축한 지 이미 오래다.

한국어문회 초청 강연을 비롯해 방송인 지망자들 대상 특강으로 널리 그의 이름이 회자되고 있음은 주지하는 바다. 그동안 무게 있는 방송 관련 저서를 꾸준히 출간해 온 눈초 이규항 선생이 한국 아나운서 클럽 회보에 5년간 게재해 온 '우리말 발음 이야기', 우리말 발음을 알기 쉽고 익히기 쉽게 풀이한 우리말 발음 텍스트가 오늘 새로 선보이니 국내외 독자의 관심을 크게 환기할 것으로 기대한다.

일찍 그가 공저로 낸 '표준 한국어 발음 사전'은 이 번 신간서의 자매편이 될 것으로 안다. 앞으로 이 텍스트가 독자 여러분의 우리말 발음 학습에 좋은 길잡이가 될 것임을 굳게 확신하며 추천의 말에 갈음한다.

– 전영우(수원대 명예교수)

뭐라고 추천의 말을 해야 할까 벅차다. 한 말로 이 책은 나의 대학 후배인 이규항 선생이 변함없이 실천해온 운명석 소임의 결정체(結晶體)라고 생각한다. 그런 의미에서 이 책의 출간을 각별한 마음으로 축하하며 독자 제위께 추천한다.

저자는 대학에서 국어국문학을 전공하고 대한민국의 종가 방송국격인 KBS에서 아나운서로 방송 활동을 하며 국어를 지키고 키우는데 일생을 바쳤다. 그러고도, 이제 무너져 가고 오염돼 가는 국민언어의 현실을 바라보며 너무나 안타까워 피를 토하는 심정으로 이 책을 쓴 것 같다.

그러나 마음은 그토록 안타깝고 절박하면서도 이 책을 읽어야 할 독자들을 위하여 전문성과 깊이가 함께한 해설은 물론, 비전공자들의 눈높이에 맞춰 그들이 쉽고 재미있게 이해할 수 있도록 무진 애를 쓴 흔적이 전편에 보인다. 동문수학자로서 고맙기 그지없다 하겠다.

현재 대한민국의 말은 그것을 지키고 이끌어야할 위치에 있는 사람들이 제 구실을 안 하거나 못하면서 중병을 앓고 있다. 이러한 현실을 어떻게 설명할 것인가.

그러나 자꾸 개탄만 할 것은 아니다. 고쳐 나가야 할 것이다. 마침 국민언어를 바로 세울 수 있는 방법이 이 책에 모두 들어 있어 반갑다. 나도 평소 국민언어에 대하여 제대로 된 '발음교육'과 풍부한 어휘 활용을 위한 '한자교육'의 필요성을 이야기 해왔다. 언어생활의 기본은 말하기가 우선이니 국어교육 정책을 바로 세워 초등학교에서부터 발음훈련을 해야 할 것이다. 그리고 '한자교육'문제는 문화 종속의 문제로 논쟁할 바가 아니다. 이는 마치 알파벳을 쓰는 언어 문화권에서 라틴어의 뿌리를 배제하고 각 언어권의 말을 생각할 수 없는 것과 똑같다.

소망하건데 이 책이 여러 계층의 책임 있는 분들, 예로 정책입안자들, 말을 수단으로 활동하는 사람들 특히 방송종사자들, 강단의 교사들, 종교계 지도층 인사들 등이 공감하는 마음으로 읽었으면 좋겠다.

– 홍일식(전 고려대학교 총장)

NHK아나운서들이 가장 신경을 쓰는 것. 그것은 악센트이다. 악센트가 다르면 뜻도 달라지기 때문이다. 악센트에 신경을 쓰는 우리들은 한국어를 배울 때도 악센트를 따진다. 그러나 선생님께 물어봐도 애매한 대답밖에 돌아오지 않고 심지어는 아예 악센트가 없다고 하시는 분도 계신다. 나는 고민하다가 이규항 선생님께 한국어 악센트에 대해 여쭈어봤다. 즉시 대답이 돌아왔다. 선생님께서는 고저장단에 대해서 가르쳐 주시고 악센트의 법칙에 대해서 실로 명확히 설명해 주셨다. 그 내용은 【한국어 악센트사전】에 담겨져 있다. 선생님께서는 이번에 【재미있는 한국어의 미학】을 내셔서 그림을 삽입하며 알기 쉽게 한국어의 오의를 전수해 주셨다. 한국뿐만 아니라 외국에서 한국어를 배우는 우리들에게도 큰 복음이 아닐 수 없다.

– 후지모토 도시가즈(전 NHK국제방송국 치프디렉터, 전 경희대학교 초빙교수)

재미있는 한국어의 미학

초판 1쇄 인쇄 / 2019년 3월 25일
초판 1쇄 발행 / 2019년 4월 1일

저자 이규항
발행처 형설출판사
경기도 파주시 회동길 37-23 · 전화 (031) 955-2361~4 · 팩시밀리 (031) 955-2341
발행인 장진혁
등록 라-제9호 · 1962년 5월 1일
홈페이지 http://www.hyungseul.co.kr
e-mail hs@hyungseul.co.kr

정가 18,000원

ⓒ 2019 이규항 All Rights Reserved.

ISBN 978-89-472-8309-0 93700

* 본서는 저자와의 협의에 따라 인지는 붙이지 않습니다.
* 이 책은 저작권법에 의해 보호를 받는 저작물이므로 동영상 제작 및 무단전재와 복제를 금합니다.

이 도서의 국립중앙도서관 출판시도서목록(CIP)은 서지정보유통지원시스템 홈페이지(http://seoji.nl.go.kr)와 국가자료공동목록시스템(http://www.nl.go.kr/kolisnet)에서 이용하실 수 있습니다.(CIP제어번호 : CIP2019004009)

MEMO

MEMO

MEMO

MEMO

재미있는
한국어의
미학 美學